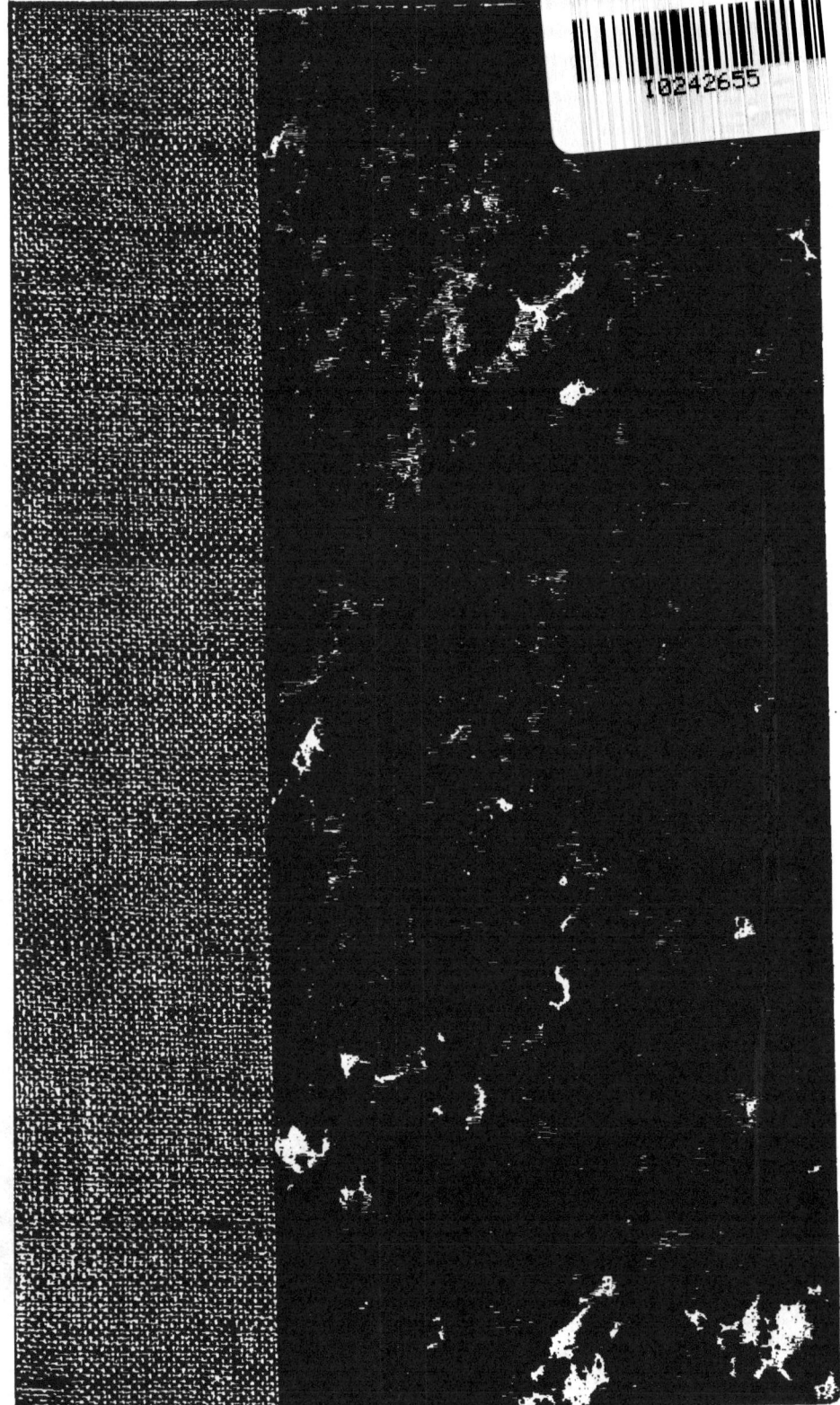

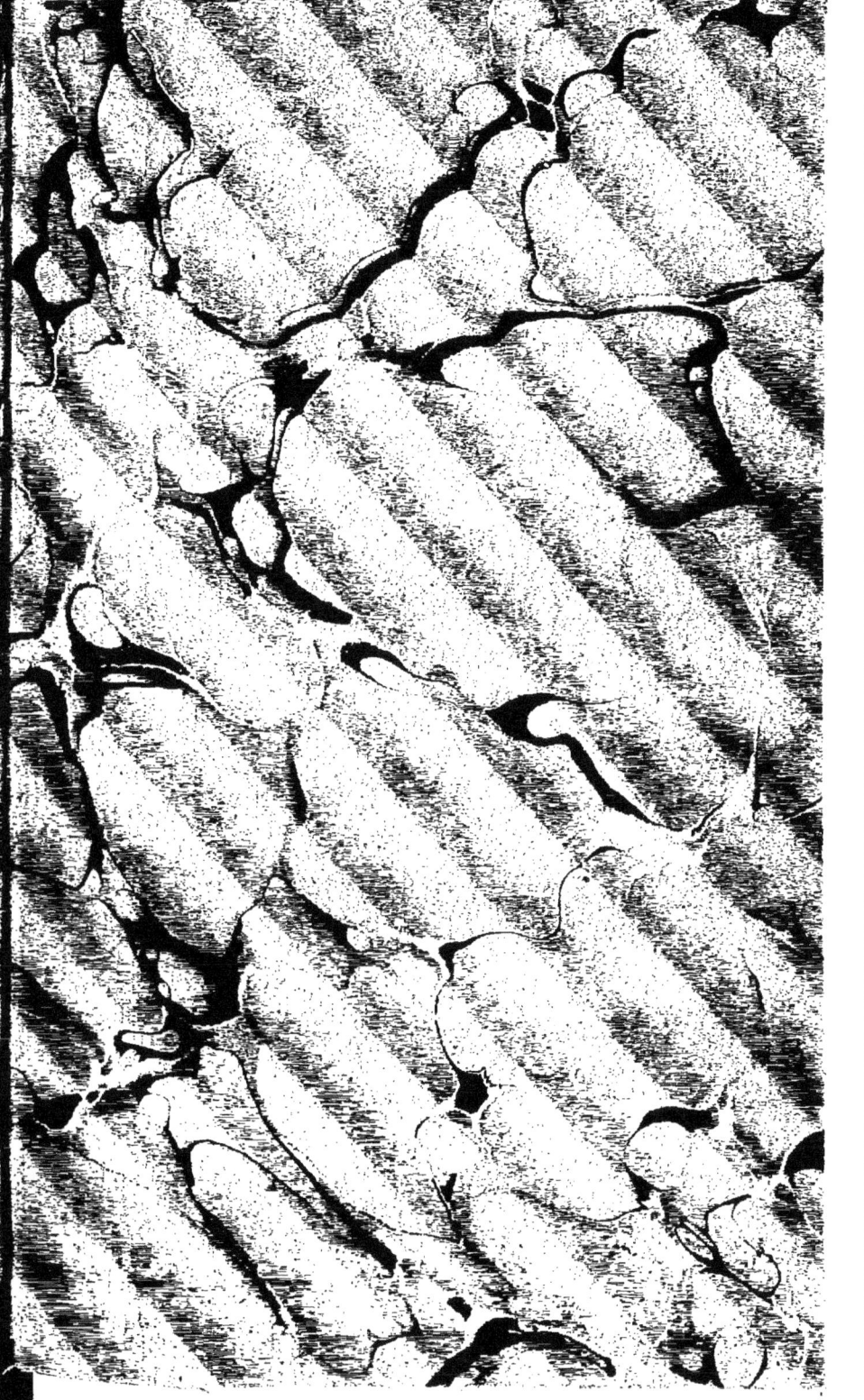

Conserver la
Couverture

LES

# VOLEURS DE LOCOMOTIVES

*Reproduction interdite aux journaux qui n'ont pas de traité avec la société des Gens de Lettres*

DROITS DE TRADUCTION RÉSERVÉS.

Beaugency. Imp. Laffray

# LES VOLEURS
## DE
# LOCOMOTIVES

### ÉPISODE DE LA GUERRE DE SÉCESSION D'AMÉRIQUE

PAR

## FERNAND HUE

PARIS
C. DILLET, LIBRAIRE-ÉDITEUR
15, rue de Sèvres, 15

1886

# AVANT-PROPOS

Nous relisions dernièrement l'*Histoire de la Guerre civile en Amérique* (1), lorsque notre curiosité fut éveillée par le récit d'une tentative hardie, entreprise par vingt-deux soldats fédéraux sous la conduite d'un espion nommé Andrews.

Nous cherchions des détails sur cet épisode, quand nous eûmes la bonne fortune de trouver un livre intitulé : *Capturing a Locomotive, by William Pittenger*. L'auteur est un des héros de cette aventure.

Grâce à l'obligeance de MM. Lippincott et C°

---

(1) Le comte de Paris. — *Histoire de la guerre civile en Amérique*. — 6 vol., in-8.

de Philadelphie, nous pûmes nous mettre en rapport avec M. Pittenger; celui-ci voulut bien nous donner l'autorisation de nous servir de son livre pour y puiser toute la partie historique de l'expédition d'Andrews et de ses compagnons; les pages qui vont suivre sont donc absolument vraies.

Avant de raconter cet épisode, nous allons indiquer en peu de mots quelle était, au moment où ces faits se sont passés, la position des deux partis belligérants.

Depuis un an la guerre civile ensanglantait les Etats-Unis; une scission avait eu lieu entre les États du nord et les États du sud, sous le nom de Sécession.

Pendant la première campagne (1861-1862), le sort des armes favorisa les *Sudistes* ou *Confédérés*; mais à l'époque où commence cette histoire, les *Nordistes* ou *Fédéraux* semblaient devoir prendre le dessus.

Dans l'Ouest, les armées fédérales s'avançaient jusqu'à moitié chemin du golfe du Mexique ; le général, Mᶜ Clelland, se préparait à marcher sur Richemond, capitale ds États confédérés ; Burnside guerroyait avec succès sur les côtes de la Caroline du Nord, et la Nouvelle-Orléans, attaquée par mer, était à la veille de tomber au pouvoir des Nordistes.

Afin de porter un coup décisif, le gouvernement du Nord résolut, pour paralyser les forces confédérées, de pénétrer dans la vaste région qu'arrose le Tennessee et d'occuper les points que les Sudistes venaient d'abandonner.

Le général nordiste O. M. Mitchell reçut la mission d'opérer ce mouvement et, en même temps, de détruire la ligne du chemin de fer de Memphis à Charleston, afin de couper les communications de l'armée confédérée, et de l'isoler complètement.

Dans le récit qui va suivre, le lecteur ne doit

imputer ni aux Sudistes en général, ni au gouvernement Confédéré la responsabilité des tortures infligées aux prisonniers nordistes ; les misères subies par ceux dont nous allons raconter l'histoire sont des faits isolés, commis par des officiers recrutés un peu partout. Quelques uns abusaient de leur position pour martyriser ceux que la mauvaise chance plaçait sous leurs ordres. Quant à la masse du peuple, affolée par la marche rapide de l'ennemi, elle ne vit que des espions dans ces soldats nordistes, pénétrant sur son territoire cachés sous des habits de civils ; leur chef n'était pas soldat. Du reste, la foule n'est-elle pas partout la même ?...

Notre impartialité d'historien nous oblige à mettre le lecteur en garde contre les reproches de barbarie que l'on a trop souvent adressés aux Sudistes ; les faits de ce genre sont des exceptions et l'œuvre d'individus isolés, souvent d'anciens majordomes de plantations habitués à commander à des noirs et à leur infliger des châtiments corporels. C'est seulement quand ils furent confiés à des geôliers de cette espèce que les héros de cette aventure eurent à souffrir et à endurer de mauvais traitements.

FERNAND HUE.

# LES
# VOLEURS DE LOCOMOTIVES

## CHAPITRE PREMIER

### L'ESPION

Le samedi 5 avril 1862, la division Mitchell était campée sur le bord de la rivière Duck, à un mille à peine de la petite ville de Shelbyville ; pendant tout le jour, les troupes avaient travaillé à rétablir un pont, détruit par les Sudistes avant leur départ. Les hommes étaient brisés de fatigue ; on exigeait d'eux un travail incessant. Le général, qui commandait en chef pour la première fois, avait hâte d'accomplir sa mission, et, croyant activer la marche des travaux par sa présence, il surveillait en personne les ouvriers, les gourmandant, les excitant sans cesse; pour un peu, il eut mis la main à la besogne.

Le soir venu, tandis qu'officiers et soldats goûtaient sous la tente un repos bien gagné, le général, enfermé dans une maison abandonnée où il avait établi son quartier général, songeait aux moyens de mener à bien l'œuvre de destruction qu'il avait entreprise ; il parcourait à grands pas la pièce du rez-de-chaussée qui lui servait de bureau, et de temps en temps s'arrêtait devant une carte de la région, étendue sur une table, au centre de la chambre. Du doigt, il suivait le tracé de la ligne ferrée qui, de Chattanooga, se dirige sur Rome et Atlanta, où elle se réunit à la grande voie reliant Richemond, capitale des États confédérés, au golfe du Mexique.

— C'est là, dit-il à haute voix, et se parlant à lui-même, c'est là qu'il faut couper la ligne, rompre les communications, puis, marchant vers l'Est....

Il fut interrompu par l'entrée du sergent de planton.

— Mon général, un homme est là, qui insiste pour vous parler.

— Qui est-ce?... A-t-il dit son nom?

— Je crois que c'est un espion, mon général; il prétend s'appeler Andrews.

— Faites entrer, et éloignez-vous.

Un instant après, le planton introduisait un homme de haute taille et de belle prestance; il portait un élégant costume de voyage et avait les manières d'un parfait gentleman. Le nouveau venu fit quelques pas dans la pièce et salua le général avec l'aisance d'un homme du monde.

— Bonsoir, M. Andrews, dit Mitchell, quand le planton eut refermé la porte ; venez-vous de la part du général Buell?

— Non, général, personne ne m'envoie près de vous et tout le monde ignore ma visite; on me croit loin, à cette heure. Je viens ici pour vous faire part d'un projet....

— Toujours vos folies, M. Andrews; je sais que vous êtes homme d'action, mais, entre nous, avouez que votre dernière entreprise...

— Il n'est pas question de ma dernière entreprise, interrompit Andrews d'un ton sec; si elle n'a pas réussi, du moins ne peut-on me reprocher d'avoir été imprudent : je n'ai pas perdu un seul homme et personne ne se doute du but que je poursuivais ; laissons donc, si vous le voulez-bien, ma dernière entreprise, et parlons du présent ?

— Soit, M. Andrews, je vous écoute.

— Je connais, mon général, et le but de la mission qui vous est confiée, et l'importance que le succès de vos opérations peut avoir pour la campagne qui commence. Je connais aussi l'ensemble du plan conçu par votre commandant en chef : Mc Clellan marche sur Richemond, pour opérer une diversion ; peut-être, s'il se croit en force, tentera-t-il d'enlever la capitale ennemie. Pendant ce temps, Buell se dirige vers le sud-ouest pour rejoindre Grant ; après leur jonction, ces deux généraux chasseront les Sudistes des rives du Mississipi et s'efforceront de descendre le cours du fleuve jusqu'au golfe. Quant à vous, général, vous allez aussi vous diriger vers le sud-ouest ; sur votre front, pas un ennemi, pour le moment du moins, ne s'oppose à votre marche ; mais songez que vous n'avez que dix mille hommes, que vous allez vous trouver entre les deux armées des rebelles et que, de Chattanooga et d'Atlanta, ils peuvent amener.....

— Mais je coupe leur ligne! exclama Mitchell, s'arrêtant net en face son interlocuteur.

— Couper le chemin de fer de Memphis à Charleston n'est pas suffisant, général; c'est la grande voie, qu'il faut détruire; il faut empêcher l'armée ennemie de se masser sur les bords du Tennessee; il faut isoler Chattanooga, Huntsville, Rome, Atlanta, centres d'approvisionnement des Sudistes; il faut empêcher l'ennemi de secourir ces places en cas d'attaque et vous, général, vous devez vous en emparer avec les richesses qu'elles contiennent!

— Et comment cela, M. Andrews? demanda le général d'un ton piqué.

— Comment cela? c'est bien simple, mon général : au lieu de vous diriger sur Chattanooga, comme vous en avez l'intention, vous partirez dès demain matin pour Huntsville, à marche forcée, et vous l'occuperez. Pendant ce temps-là, je détruirai la voie ferrée entre Atlanta et Chattanooga, que je traverserai pour aller vous rejoindre dans Huntsville, tombée en votre pouvoir.

— Détruire la voie entre Chattanooga et Atlanta! mais vous n'y pensez pas, M. Andrews; vous m'avez déjà demandé des hommes pour une semblable expédition et vous n'avez rien pu faire; je dois vous rendre cette justice, cependant, que vous les avez tous ramenés; mais......

— Encore une fois, général, ne parlons pas du passé; j'ai été joué : le mécanicien sudiste que j'avais acheté m'a manqué de parole; des trains supplémentaires de troupes ont circulé continuellement sur la ligne; je m'en félicite aujourd'hui, car sans ce contre temps, les huit hommes et moi nous étions perdus sans profit pour notre cause. Aujourd'hui, général, mon plan est soigneusement préparé; j'ai passé plusieurs jours à Atlanta; je connais les heures des trains réguliers et supplémentaires, je connais même le nom de tous les mécaniciens qui font le service sur la ligne; bref, avec vingt-cinq hommes, je réponds du succès.

— Mais c'est impossible, ce que vous me demandez là; vous devenez fou, mon pauvre M. Andrews.

— Non, mon général, je ne deviens pas fou ; encore une fois, je suis sûr de réussir. Douteriez-vous de moi, général ?

— Non, Andrews, non. Je sais que vous êtes brave et résolu, que vous avez déjà accompli des prodiges ; que, grâce à votre sang-froid et à votre présence d'esprit, vous êtes sorti de plus d'un mauvais pas. Je sais aussi que vos relations dans le parti sudiste vous permettent de pénétrer jusqu'au cœur du pays ennemi et d'y circuler avec la plus grande sécurité ; mais je crains, Andrews, qu'à force de tenter Dieu il ne vous arrive malheur. Prenez garde que votre dévouement à la cause de l'Union ne vous soit fatale. Si jamais les Confédérés venaient à soupçonner l'usage que vous faites de leur confiance, si jamais....

— Je sais le sort qui me serait réservé si j'étais démasqué : ce serait la mort honteuse de l'espion ; car, moi, Andrews, je me suis fait espion !.... Non pas l'espion qui pénètre dans les rangs ennemis, qui traverse leurs lignes au péril de sa vie, non ; mais le traître qui livre les secrets qu'on lui confie, qui abuse de ses amis, qui les trahit en feignant de les servir.

Ma seule excuse, général, est dans l'amour que m'inspire la cause du Nord, qui pour moi représente la patrie! Ses soldats sont les soldats de l'ordre, du droit et du devoir luttant contre des rebelles en révolte ouverte contre les lois de leur pays. Oh! ces Sudistes, je les hais!.... Du reste, général, cette expédition sera la dernière ; si j'échoue, j'aurai donné ma vie pour l'Union, pour la Patrie !

Le général Mitchell se sentait gagné par l'émotion ; il admirait presque Andrews, dont la voix vibrait d'enthousiasme.

— Combien vous faut-il d'hommes, M. Andrews ?

— Vingt-cinq, général ; mais il me faut des hommes résolus, décidés à faire d'avance le sacrifice de leur vie et à m'obéir aveuglément. Ils ignoreront le but de l'expédition; habillés en paysans, ils se réuniront lundi à minuit dans un endroit que je leur désignerai ; je distribuerai à chacun son rôle, et c'est au dernier moment seulement, c'est-à-dire à l'heure décisive, qu'ils seront instruits de mon projet.

— Voyons votre plan, M. Andrews.

Andrews rapprocha sa chaise de celle du général, puis, de sa voix douce et un peu lente, il expliqua les moyens qu'il comptait employer; de temps en temps, il indiquait du doigt, sur la carte placée devant lui, la route qu'il devait suivre. Le général écoutait en silence.

L'entretien dura longtemps, et la nuit était fort avancée quand l'espion se leva pour se retirer.

— C'est entendu, M. Andrews, lundi à minuit vingt-cinq hommes choisis dans la division seront à l'endroit que vous m'avez indiqué.

— Surtout, mon général, que personne ne se doute du but de l'expédition, pas même les officiers chargés de désigner les hommes. Vous savez qu'il s'est glissé un certain nombre de Sudistes parmi vos soldats; un mot imprudent, et l'ennemi serait aussitôt prévenu de mon projet.

— Soyez tranquille, le secret le plus absolu sera gardé. Vous reverrai-je avant votre départ?

— Non, mon général, je quitte votre camp à

l'instant même, et nous ne nous rencontrerons plus qu'à Huntsville..... si je réussis.

— Au revoir, Andrews, que Dieu vous garde.

L'espion sortit de la maison du général, s'approcha d'un cheval attaché à quelques pas de là, et, sautant en selle, disparut bientôt dans l'obscurité de la nuit.

# CHAPITRE II

### J. J. ANDREWS.

Six jours avant l'entrevue que nous venons de raconter, celui que le général Mitchell appelait Andrews se promenait à pas lents dans le salon, élégamment meublé, d'une des plus belles maisons de la petite ville de Flemingsburg. Le jour était sur son déclin, les dernières clartés du crépuscule éclairaient seules la pièce ; plongé dans ses réflexions, le promeneur ne semblait pas s'en apercevoir.

J. J. Andrews, né sur les bords de l'Ohio, en face du Jefferson-City, était venu fort jeune avec sa famille se fixer dans le canton de Fleming, pays montagneux de l'état de Kentucky; ses études terminées, il perdit son père et resta seul avec sa mère, dont la situation était loin d'être brillante. Avec la hardiesse qui caractérise les Américains, il se lança dans des opérations commerciales et des spéculations heureuses qui lui procurèrent en peu de temps une immense fortune. La déclaration de la guerre lui fit un tort considérable et mit un instant sa situation en péril; mais il sut trouver, dans cette guerre même, l'occasion de réparer les maux qu'elle lui avait causés.

Forcé par ses affaires d'être en rapport continuel avec les hommes qui devaient devenir les chefs du parti confédéré, Andrews, malgré les hostilés, resta en bons termes avec eux; il conserva ses relations avec les Sudistes; ceux-ci, croyant trouver en lui un chaud partisan de leurs idées, lui délivrèrent un laissez-passer qui lui permettait de franchir à toute heure les lignes des Confédérés.

Lorsque, au début de la guerre, le blocus décrété par le gouvernement de Washington vint fermer tous les ports des États du Sud, les privant des produits étrangers et les mettant dans l'impossibilité de se débarrasser de leur énorme stock de coton, Andrews se fit *blokade runner* (forceur de blocus); il franchissait les lignes nordistes, et venait livrer aux Confédérés, des objets qu'il leur vendait au poids de l'or. Il réalisa ainsi des bénéfices considérables tout en augmentant, dans l'esprit des Sudistes, la conviction qu'il était l'ennemi juré de la cause de l'Union.

Cependant, toutes les préférences d'Andrews étaient pour le Nord. Cet homme au caractère froid, à l'esprit pratique et commerçant avant tout, ne pouvait qu'éprouver de l'éloignement pour le tempéramment gai, jovial, exubérant des Sudistes; le peu de sympathie qu'ils lui inspiraient devint de l'antipathie quand, au début de la guerre, il les entendit se vanter des succès qu'ils remportaient sur les fédéraux. Il ne pouvait pardonner à ces hommes, qu'il n'aimait pas, de vaincre ceux qui avaient toutes ses préférences. Cette antipathie se changea bientôt en une haine profonde.

C'est alors qu'Andrews résolut d'entrer dans

la lutte; trop indépendant pour se faire soldat, il mit son esprit aventureux, son sang-froid imperturbable, son courage à toute épreuve au service des généraux de l'Union; il demanda à être employé dans les expéditions secrètes et les coups de mains hardis. Il se signala dans maintes circonstances.

A l'époque où commence ce récit, J. J. Andrews était un homme de trente-deux ans. Très-grand, — il avait presque six pieds anglais, — il était admirablement proportionné et toute sa personne dénotait la force et la souplesse. Sa tête, encadrée de cheveux noirs et bouclés, sa barbe longue et soyeuse, ses traits fins et réguliers, son front haut et découvert, en faisaient un type de mâle beauté. Sa voix, douce et sympathique comme celle d'une femme, sa politesse exquise et l'élégance de ses manières attiraient à lui tous les hommes, surtout ceux du Sud, qui font grand cas de la beauté physique.

Au moral, Andrews était doué d'une grande promptitude d'esprit, d'une excessive vivacité d'intelligence; le genre d'existence qu'il menait depuis un an avait singulièrement développé ces qualités : risquant sa vie chaque fois qu'il s'éloignait des lignes nordistes, environné sans cesse de dangers, alors qu'un mot, un geste, un regard imprudent pouvaient le dénoncer et causer sa mort, il s'était accoutumé à regarder comme possibles, et même faciles, des entreprises qui eussent paru folles à tout autre.

Tel est l'homme qui allait accomplir un des actes les plus audacieux que l'on puisse imaginer.

Andrews fut interrompu dans sa rêverie par l'entrée d'un domestique apportant deux lampes sur la table du salon. Il suspendit sa promenade et s'assit dans un rocking chair devant la porte-fenêtre ouvrant sur le jardin ; il admirait, pour la dernière fois peut-être, le magnifique panorama qui se déroulait devant lui, éclairé par les rayons du soleil couchant : la grande plaine unie et boisée, et au loin, la silhouette des hautes montagnes qui déjà se fondait dans les tons sombres du ciel.

—Si je réussis, je ne quitte plus cette maison...

Si je reviens, ce sera pour toujours, se disait Andrews ; quoi qu'il arrive, c'est fini. J'ai payé ma dette à ma patrie, et pourvu que le succès couronne cette entreprise, je pourrai me retirer avec la conscience d'avoir fait pour l'Union plus qu'un général victorieux dans vingt combats. Mais comment annoncer mon départ à ma mère et à Dolly ? Pauvre Dolly, que de larmes elle va verser... encore deux mois.... Enfin, il le faut.

Andrews se leva et passa dans une pièce voisine.

Deux femmes étaient assises sur un canapé devant une table préparée pour le thé. Lorsque Andrews entra, la plus jeune quitta sa place et, s'approchant de la table, se mit en devoir de servir le thé.

— On vous attendait, James, dit-elle, et vous rêviez tout seul dans le salon ; bien sûr, le thé va être trop fort.

— Croyez-vous, Dolly ? répondit James Andrews en souriant ; vous ajouterez un peu d'eau ; et puis, vous savez, ma mère aime le thé fort.

James s'assit et resta un instant silencieux ;

Mme Andrews l'observait depuis son entrée dans le petit salon ; la pauvre mère, éclairée sans doute par sa tendresse, devinait en partie les sentiments qui s'agitaient dans l'âme de son fils.

— Vous semblez inquiet, James; auriez-vous reçu quelque nouvelle ?

— Non, ma mère, je ne suis pas inquiet ; je suis triste du chagrin que je vais vous causer, à vous et à Dolly.

La jeune fille faillit laisser tomber la tasse qu'elle tenait à la main.

— Qu'y a-t-il, James ? demanda-t-elle effrayée ; est-ce que vous voudriez repartir encore pour une de vos expéditions ?

— Oui, Dolly, il faut que je parte ; mais mon absence sera courte, quinze jours au plus, et quand je rentrerai, ce sera pour toujours ; c'est la dernière fois que je vous quitte.

— Vous dites toujours cela, James, répondit Mme Andrews, et toujours vous renouvelez vos absences. Voyons, mon fils, n'êtes-vous pas assez riche ? Que vous sert d'accroître encore cette fortune; qu'en voulez-vous donc faire ? Non,

James, croyez-moi, restez avec nous. Votre départ m'effraie. Jusqu'ici vous avez eu trop de bonheur, prenez garde....

— Ne craignez rien, ma mère. Je ne cours aucun danger; mais je ne puis, je vous l'assure, me dispenser de faire ce dernier voyage; j'ai promis.

Dolly n'osait élever la voix, ni adresser un reproche à James; silencieuse, elle tournait vers lui ses yeux suppliants et remplis de larmes.

— Vous ne sauriez croire, James, reprit Mme Andrews, comme ce voyage m'épouvante; je ne sais pourquoi, j'éprouve une crainte vague, un sombre pressentiment que je n'avais pas ressenti encore. Hélas! mon fils, la nouvelle que vous venez de m'apprendre, je la redoutais : depuis quelques jours j'étais poursuivie par cette idée que vous alliez nous quitter encore. Et, dois-je vous le dire, James, cette nuit même, j'ai rêvé que vous partiez, et dans mon rêve.... vous ne reveniez plus !

— Comment pouvez-vous, ma mère, vous arrêter à de semblables pensées? j'ai entrepris cinquante voyages plus dangereux que celui-ci, et jamais il ne m'est rien arrivé. Non, soyez sans inquiétude, dans quinze jours je serai revenu, et, cette fois, pour toujours.

Mme Andrews n'insista pas, mais aux regards qu'elle jetait de temps à autre à son fils, il était aisé de voir que, malgré ses assurances, James n'avait pas réussi à convaincre sa mère. Dolly, toujours silencieuse, avait repris son ouvrage, et Andrews, péniblement impressionné, n'osait renouer l'entretien. Après un instant, il se leva, embrassa sa mère et tendit la main à Dolly.

— Je vous quitte, car il me reste quelques préparatifs à terminer ; je pars ce soir, mais avant de m'éloigner, je viendrai vous dire adieu.

Andrews se retira dans son cabinet, écrivit différentes lettres, mit de l'ordre dans ses papiers, puis, en attendant l'heure du souper, qui devait pour la dernière fois le réunir avec sa mère et la jeune fille, il se prit à réfléchir.

— Il faut avouer que, dans toute cette affaire, j'ai été bien mal servi par les circonstances : avoir réussi à faire pénétrer huit hommes jusqu'à Atlanta, après quatre jours de marche en pays ennemi et un voyage en chemin de fer, et voir mon plan renversé par le retard de ce maudit mécanicien!... Ce serait fini maintenant. Cette fois, du moins, mes précautions sont bien prises, et pourvu que Mitchell me fournisse les vingt-cinq hommes qui me sont nécessaires, je suis sûr du succès; parmi les volontaires, j'aurai des mécaniciens et des chauffeurs et ne serai pas obligé de compter sur un de ces Sudistes damnés. Quant au mouvement des trains montants et descendants, je vais le contrôler encore une fois, et passer deux jours à Atlanta; après cela, il faudrait vraiment une série d'évènements contraires pour....

Un coup discrètement frappé à la porte du cabinet arrêta Andrews dans son monologue.

Miss Dolly entra.

Miss Dolly Herryngton était la fille d'un négociant de Flemingsburg; à la déclaration de la guerre, cet homme, quoique âgé de quarante-cinq ans, prit du service dans l'armée nordiste, en qualité de capitaine. La première bataille à laquelle il assista lui fut fatale : il tomba frappé d'une balle. Avant de mourir, il eut le temps d'écrire à Mme Andrews pour lui recommander sa fille. Dolly vint habiter dans la maison de James, et dès que la douleur de la jeune fille fut un peu calmée, celui-ci, qui l'aimait depuis longtemps, lui offrit son nom et sa fortune. Le mariage devait être célébré dans les premiers jours du mois de juin.

Miss Dolly Herryngton était une chaude partisante de l'Union depuis la mort de son père ; elle éprouvait une haine profonde pour les hommes du Sud — haine violente qu'excitait encore Andrews par le récit des atrocités que l'on attribuait, bien à tort, aux Sudistes. On eût dit qu'il prenait à tâche d'exalter les sentiments patriotiques de sa fiancée ; il alla même jusqu'à lui laisser entrevoir le but de ses expéditions. Assurément, Dolly ignorait que son fiancé fût un espion au service de l'armée du Nord, mais elle savait qu'il avait été chargé de missions secrètes et que, plusieurs fois, il avait dirigé des entreprises contre l'armée confédérée ; son affection pour Andrews, et l'espèce d'admiration qu'il lui inspirait avaient grandi, et James apparaissait à la jeune fille entouré d'une auréole de gloire et de bravoure.

Andrews ne parut pas surpris de la visite de miss Dolly.

— C'est vous, Dolly.

— Oui, James, j'ai voulu vous parler avant votre départ. Vous allez encore nous quitter ; où allez-vous, James ? Vous savez bien que, depuis longtemps, je ne crois plu saux opérations commerciales.

— Il m'est impossible, ma chère Dolly, de vous dire exactement où je vais ; c'est un secret qui ne m'appartient pas. Qu'il vous suffise de savoir que l'expédition que je prépare est destinée à jeter l'épouvante dans les rangs de nos ennemis, et à assurer le succès de nos armes. Je vais, une fois encore, travailler pour la cause du Nord, pour la cause de notre patrie, et je réussirai, j'en ai la conviction.

— Dieu vous conduise et vous garde, James. La cause que vous servez est trop noble pour que j'essaye de vous détourner de votre but, quel que soit le chagrin que je ressente de votre départ. Oh! si vous saviez, James, quels jours d'angoisses et d'alarmes nous passons, votre mère et moi, quand vous êtes loin de nous! Pauvre mère! elle ne craint pour vous que les dangers du voyage; mais moi je redoute les chances de la guerre, de cette guerre maudite qui m'a déjà pris mon père et qui menace de me prendre aussi mon fiancé!

— Rassurez-vous, ma chère Dolly, je ne cours aucun danger; et puis, je vous l'ai dit, c'est ma dernière absence; à mon retour, j'abandonne la lutte; j'ai fait ce que j'ai pu pour la cause que je sers, et j'ai fait beaucoup; mais ma tâche resterait inachevée si je n'accomplissais cette dernière mission. Je vais donc partir, Dolly; votre cher souvenir me suivra partout; il sera ma force et mon soutien aux heures difficiles, et si Dieu veut que je meure en accomplissant...

— Oh! ne dites pas cela, James, vous reviendrez... Mais si vous tombiez dans la lutte, souvenez-vous que toute ma vie se passerait à vous

2.

pleurer. Et cependant, James, dans ma grande douleur, je ne saurais maudire la patrie, qui vous aurait enlevé à ma tendresse; car l'amour de la patrie doit passer avant tout, avant les affections les plus saintes et les plus légitimes.

Partez donc, James, et que Dieu vous garde et vous protège,

— Merci, Dolly, dit James, en serrant dans les siennes les mains de la jeune fille; merci, vous êtes brave, et digne de l'amour que vous m'avez inspiré.

Miss Dolly sortit, mais dès qu'elle fut seule, elle ne put contenir plus longtemps ses larmes.

Le soir même, après avoir soupé avec sa mère et sa fiancée, Andrews quittait Flemingsburg et se dirigeait sur Atlanta. C'est au retour de ce voyage que nous l'avons vu pénétrer chez le général Mitchell.

# CHAPITRE III

### LE RENDEZ VOUS

Non loin de Shelbyville, la grande route qui se dirige vers l'Est forme un carrefour où viennent se croiser trois chemins reliant la ville aux villages voisins. En suivant celui de gauche, qui remonte au nord, on aperçoit, à quelques centaines de mètres dans les terres, un petit bois uniquement composé d'arbres morts. C'est dans la clairière située au centre de ce bouquet d'arbres, qu'Andrews avait donné rendez-vous aux hommes qui devaient l'accompagner dans sa périlleuse entreprise.

Le rendez-vous était fixé pour minuit ; le chef de l'expédition avait choisi cette heure et cet endroit désert pour éviter les oreilles indiscrètes et pouvoir s'entretenir en toute sécurité avec ses compagnons.

Le nombre des hommes était fixé à vingt-quatre : chaque capitaine avait demandé dans sa compagnie un volontaire pour accomplir une mission dangereuse dont le but lui serait indiqué plus tard ; il devait se procurer des vêtements civils et se rendre, le lundi 7 avril, à minuit précis, à l'endroit que nous venons d'indiquer.

L'expédition était ainsi composée :

(1) J. J. Andrews, commandant.
William Campbell, commandant en second
George D. Wilson, vol$^{re}$ au 2$^e$ reg$^t$ de l'Ohio
Marion A. Ross,     »     2$^e$     »
Perry G. Shadrack,  »     2$^e$     »
Samuel Slavens,     »    33$^e$     »
Samuel Robinson,    »    33$^e$     »
John Scott,         »    21$^e$     »
W. W. Brown, méc$^n$     21$^e$     »

(1) Nous ne donnons que le nom des hommes qui prirent part à l'expédition : deux manquèrent au rendez-vous.

William Knight, vol.re au 21e régt de l'Ohio.
J. R. Porter, » 21e »
Mark Wood, » 21e »
J. A. Wilson, » 21e »
John Wollam, » 33e »
M. J. Hawkins, » 33e »
D. A. Dorsey, » 33e »
Jacob Parrot, » 33e »
Robert Buffum, » 21e »
William Bensinger, » 21e »
William Reddick, » 33e »
E. H. Mason, » 21e »
William Pittenger, » 2e »

Parmi ces soldats, plusieurs étaient mécaniciens, ou avaient rempli l'emploi de chauffeurs sur les chemins de fer des Etats du Nord.

Andrews était le premier au rendez-vous ; les hommes arrivèrent un à un, isolément, et vinrent se ranger près de leur chef.

Il semblait que la nature eût pris à tâche de rendre plus effrayant encore cet endroit triste et désolé, et qu'elle eût voulu donner plus de solennité au conciliabule de ces hommes à la veille d'entreprendre leur aventureuse expédition : l'orage, qui avait menacé toute la soirée, éclatait avec fracas ; de grosses nuées obscurcissaient le ciel et dérobaient aux regards la pâle clarté de la lune ; des éclairs intenses déchiraient, presque sans interruption, le voile épais des nuages ; le tonnerre grondait dans le lointain et la pluie commençait à tomber depuis un instant. Pour donner au tableau un aspect plus sinistre et plus sombre, un chien, dans le voisinage, faisait entendre ce hurlement lugubre que nos paysans appellent : « le hurlement de la mort »; à sa voix se mêlait le cliquetis des branches mortes qui s'entrechoquaient, agitées par le vent.

Aussitôt réunis, les volontaires se groupèrent autour de leur chef. De sa voix harmonieuse et douce, où perçaient par instant des éclats d'enthousiasme, Andrews leur parla en ces termes :

— Soldats, avant de vous apprendre dans quel but nous sommes réunis, avant de vous expliquer ce que la patrie demande de nous, j'ai voulu vous dire les dangers qui nous attendent : l'entreprise que nous allons accomplir est des plus périlleuses ; il faut que chacun de nous fasse dès à présent le sacrifice de sa vie, car, si nous échouons, mes amis, si nous sommes reconnus ou seulement soupçonnés, c'est la mort. Mais ce n'est pas la mort telle que vous êtes habitués à la voir et à la braver sur les champs de bataille : de celle-là, je ne vous en eusse point parlé — c'est la mort honteuse, donnée par la main du bourreau, c'est le supplice réservé aux espions, c'est la potence !

Réfléchissez donc bien, garçons, pendant qu'il en est temps encore ; s'il y en a parmi vous qui ne se sentent pas le courage de braver ces périls, de jouer leur existence et, en cas d'insuccès, de mourir au bout d'une corde, que ceux-là s'en aillent, et ne me suivent pas.

Andrews se tut ; pas un homme ne bougea.

— C'est bien, garçons, reprit-il après un moment de silence ; je compte sur vous. Ecoutez, maintenant, ce que j'ai à vous dire :

Dans un instant, nous allons nous séparer ;

par groupes de trois ou quatre au plus, vous vous dirigerez, soit à pied, soit de toute autre façon, sur Chattanooga, ou quelque station voisine du chemin de fer de Memphis à Charleston ; là, vous pourrez prendre un train pour Marietta, ce sera notre prochain lieu de réunion. Vous y serez rendus jeudi soir, prêts à partir en chemin de fer vendredi matin. Vous me trouverez à Marietta, et je vous dirai ce qui vous restera à faire.

— Et de l'argent pour le voyage ? demanda un des hommes.

— J'en ai, répondit Andrews, et je vous le donnerai avant que nous nous séparions. A ceux qui vous demanderont qui vous êtes, vous répondrez que vous êtes Kentuckiens, que vous allez vers le Sud pour fuir la persécution des Yankees et prendre du service dans l'armée confédérée ; seulement, ayez toujours quelque bonne raison à donner pour expliquer pourquoi vous ne vous enrôlez pas sur place. Beaucoup d'hommes du Kentucky ont passé par cette route et ont été bien reçus. Je vous conseille de vous diriger d'abord vers l'Est, par Wartrace et Manchester; c'est le chemin qu'ont suivi ces hommes; vous tournerez ensuite au Sud et n'aurez pas l'air ainsi de venir de l'armée du Nord. Si quelqu'un d'entre vous était serré de trop près, qu'il dise qu'il est du county de Fleming; je sais qu'il n'y a pas, dans toute cette région, un seul soldat de ce pays.

Toutes ces recommandations furent écoutées avec la plus grande attention.

— Et si l'un de nous, interrogea un soldat, était soupçonné et sur le point d'être arrêté, que devrait-il faire?

— Sans hésitation, s'engager dans l'armée ennemie, répondit Andrews; je vous y autorise : pas un de vous, fut-il pris dans les rangs des Confédérés, ne sera accusé de désertion. Je serais désolé de perdre un seul homme; mais il vaut mieux que vous preniez du service dans l'armée confédérée que de laisser soupçonner qui vous êtes, et de risquer de compromettre le succès de l'entreprise.

— Y a-t-il donc des chances pour que nous

soyons ainsi arrêtés et forcés de nous enrôler? demanda un des volontaires.

— Assurément, répliqua Andrews; les Sudistes ouvrent les portes des prisons et enrégimentent tous les détenus; ils arrêtent les déserteurs et les insoumis pour en faire des soldats. Lorsque vous raconterez votre histoire, quand bien même ils ne seraient pas convaincus que vous dites vrai, ils vous forceront à prendre du service. Vous resterez jusqu'à ce que, par une nuit bien noire, vous puissiez fuir et regagner vos lignes.

Mais j'espère, garçons, que rien de semblable ne vous arrivera, et que, jeudi soir, nous serons tous réunis à Marietta. Formez-vous par groupes de trois ou quatre hommes, et si vous vous rencontrez, n'ayez pas l'air de vous reconnaître. Je vais suivre le même chemin que vous, mes amis, et je vous aiderai de tout mon pouvoir; surtout, n'ayez jamais l'imprudence de me reconnaître, à moins que vous ne soyez bien sûrs de n'être pas observés.

Les hommes se formèrent en sept ou huit escouades, un peu au hasard, sans trop se voir, car l'obscurité était profonde. Andrews alla de groupe en groupe, distribuant l'argent et répondant aux questions qui lui étaient posées, puis de nouveau rassemblant les hommes autour de lui, il leur adressa encore quelques paroles :

— Demain matin, le général Mitchell, avec toute sa division, va se diriger, à marche forcée, sur Huntsville ; vendredi il sera maître de la place; il faut que, ce jour-là, la ligne de Chattanooga soit détruite ; nous n'avons pas un instant à perdre. Il est donc indispensable que, jeudi soir, nous soyons réunis à Marietta ; le dernier train pour cette station quitte Chattanooga à cinq heures du soir ; n'allons pas le manquer.

Allez, garçons, que Dieu vous garde et vous conduise ; quoiqu'il arrive, n'oubliez pas que vous travaillez pour la Patrie et pour l'Union !

A chaque homme, le chef donna une vigoureuse et cordiale poignée de main, et chacun de son côté, se mit en route. A ce moment, l'orage éclatait dans toute sa violence, et la pluie tombait à torrents.

Adossé à un arbre, insouciant de la pluie qui fouettait son visage, Andrews suivit pendant quelques instants du regard les groupes qui s'éloignaient, éclairés par la lueur des éclairs. Il admirait ces hommes, héros inconnus qui, sans compter, sans hésiter, sacrifiaient leur vie, s'engageant dans une expédition dont ils ignoraient le but et ne connaissaient que les dangers.

Un sentiment de tristesse infinie s'empara de son âme; lui, l'homme brave par excellence, qui n'avait jamais tremblé au moment du péril, eut une sombre vision de l'avenir : les paroles de sa mère, les craintes de sa fiancée résonnèrent lugubrement à son oreille ; un instant, son cœur si fortement trempé sembla défaillir. Andrews chassa rapidement ces sombres pensées et, répétant instinctivement ses dernières paroles : « Pour la Patrie et pour l'Union », il sauta en selle et s'éloigna, vers l'Est, à la suite du dernier groupe qui venait de disparaître dans l'obscurité.

Les premières heures de marche furent pénibles : traversant, la nuit un pays qu'ils ne connaissaient pas, trempés par une pluie battante, qui rendait la marche difficile, plusieurs hommes s'égarèrent et allèrent donner dans les lignes fédérales; ils furent obligés de se faire connaître pour ne pas être gardés jusqu'au lendemain matin.

Pendant la journée qui suivit — ils étaient sur le territoire ennemi — il leur fallut subir les interrogations sans nombre des gens qu'ils rencontraient. Le soir, ils durent chercher un asile et, pressée de questions, plus d'une escouade se vit à la veille d'être devinée. Tantôt, reçus par des partisans du Sud, ils entendaient avec stupéfaction raconter des escarmouches auxquelles ils avaient assisté et que le narrateur représentait comme de grandes batailles; la moindre défaite des Nordistes était traitée de désastre, la retraite devenait une déroute.

D'autres fois, ils se trouvaient avec des hommes qui proclamaient bien haut leurs sympathies pour l'Union; mais eux, fidèles à leur rôle, aimaient mieux essuyer les sarcasmes et les plaisanteries que d'avouer leurs véritables préférences. Bien souvent, leur cœur de patriotes saigna de ne pouvoir serrer la main d'un blessé, qui avait été sur le même champ de bataille qu'eux.

Avant tout, il fallait obéir, et ne pas risquer, par un excès de patriotisme mal entendu, de mettre en péril la vie de tous leurs compagnons et de compromettre le succès de l'entreprise.

Nous ne suivrons pas chacun des groupes dans sa route jusqu'à Chattanooga; nous ne décrirons pas les alternatives de crainte et d'espoir par lesquels passèrent ces modestes héros, pour accomplir leur voyage en plein pays ennemi.

Le mercredi soir, 9 avril, ils étaient à quarante milles de Chattanooga, et ils devaient être rendus dans cette ville le lendemain soir à cinq heures; ils résolurent donc de marcher une partie de la nuit.

Ils allaient partir, quand Andrews les fit prévenir que le rendez-vous était retardé d'un jour. Cet ordre fut, on le comprend, accueilli avec joie; mais hélas! il devait avoir de terribles conséquences : exécutée le vendredi, l'entreprise eut été facile et son succès certain ; le samedi..., mais, n'anticipons pas.

Par le même messager, Andrews leur conseillait de tâcher de passer le Tennessee à l'Ouest de Chattanooga et de prendre le chemin de fer de Memphis à Charleston, afin de traverser la ville en wagon. Il avait appris qu'une surveillance toute particulière était exercée sur les bords de la rivière et qu'il était défendu de la traverser; il espérait que ces ordres ne seraient pas encore arrivés à l'endroit qu'il indiquait et qu'au cas de nécessité, il serait toujours possible de construire un radeau et de franchir le Tennessee par ce moyen.

Le lendemain vers midi, les aventuriers arrivaient à Jasper, où ils apprenaient la nouvelle de la bataille de Pittsburg Landing, et dans la soirée, ils atteignaient les rives du Tennessee. Ils se trouvèrent presque tous réunis dans la même hôtellerie et eurent la satisfaction de souper tous ensemble, y compris Andrews.

Au point du jour, le chef s'éloigna à cheval et les hommes, avisant un bateau plat, y monterent; ils allaient quitter le bord, quand un cavalier, arrivant à toute bride, défendit au passeur de transporter qui que ce soit sur l'autre rive pendant trois jours. Les volontaires essayèrent de faire lever la consigne, insistant sur ce qu'ils étaient là depuis la veille au soir, et que cet ordre ne pouvait les concerner. Le messager leur expliqua les évènements qui motivaient cette mesure :

— Le général Mitchell, dit-il, s'avance avec son armée dans la direction du sud ; on ignore absolument le but de son mouvement, il est donc indispensable de couper les communications avec le pays situé de l'autre côté du Tennessee. Mais, ajouta le messager, en désignant les volontaires, ces braves Kentuckiens peuvent venir à Chattanooga, ils seront les bienvenus.

Le Confédéré poussa même l'obligeance jusqu'à indiquer aux Nordistes le chemin le plus court pour gagner cette dernière ville.

Dès qu'il se fut éloigné, les volontaires se dispersèrent et, à travers les montagnes, allèrent rejoindre, en face Chattanooga, les bords de la rivière où presque toute la bande se trouva bientôt réunie ; mais le vent soufflait avec violence, et le passeur refusa formellement de s'aventurer sur le fleuve par un temps pareil.

Cependant, l'heure avançait ; malgré leurs prières, les aventuriers ne pouvaient déterminer le batelier. Ils résolurent alors d'employer un autre moyen pour le décider : le sergent Marion A. Ross, du 2$^{me}$ régiment d'Ohio, s'adressant à ses camarades, leur dit :

— C'est égal, les gens du Kentucky ont raison quand ils prétendent que les mariniers géorgiens sont des capons; ce n'est pas un homme de mon pays qui hésiterait à traverser une rivière parce que les eaux sont hautes, et que le vent souffle un peu fort.

— Dites donc, l'homme, répondit le batelier, croyez-vous donc que j'aie peur ? Pensez-vous que je ne sois pas aussi capable qu'un de vos damnés Kentuckiens de mener mon bateau ?

— Par le diable, on le dirait, reprit le sergent, sans cela, il y a longtemps que moi et tous ces braves gens qui attendent serions de l'autre côté de votre ruisseau.

— Vous croyez cela, s'écria le batelier, poussé

à bout par ces railleries ; embarquez donc, et aussi vrai que je m'appelle Hall, je vais vous montrer que je vaux n'importe quel marinier de l'Ohio.

Le but était atteint. Quelques instants après, tous les volontaires étaient sur l'autre bord. Ce n'est pas sans une certaine appréhension qu'ils débarquèrent ; ils craignaient que la rive ne fût gardée et ils se voyaient déjà obligés de répondre aux nombreuses questions des sentinelles. A leur grande joie, ils ne rencontrèrent pas un seul soldat : on n'avait pas placé de factionnaire ce jour-là, parce que l'on pensait que personne n'oserait traverser par un tel vent.

Heureux de cette bonne fortune, les volontaires traversèrent la ville, encombrée de soldats se dirigeant vers la gare ; ils passèrent inaperçus dans cette foule. Un seul groupe, composé de Samuel Sevens, de Robinson et de Shadrach, fut arrêté par des soldats sudistes surexcités par de trop copieuses libations ; un Confédéré s'approcha d'eux et leur demanda où ils allaient. Sevens prit la parole au nom de ses compagnons et raconta l'histoire d'enrôlement.

— Point n'est besoin, interrompit l'un des ivrognes, de se rendre à Atlanta pour s'engager; la chose peut se faire ici. Venez avec nous, et vous verrez que cela ne sera pas long.

Sevens, fort embarrassé, ne savait trop que répondre; il allait, pour se conformer aux ordres d'Andrews, suivre ses interlocuteurs, lorsqu'un sergent s'approcha des ivrognes et leur ordonna de passer leur chemin, puis prenant Sevens par le bras, il l'entraîna à l'écart.

— Me reconnais-tu, Sevens? demanda le sergent. Oui, tu me reconnais, tu n'as pas oublié Herbert; moi, je veux te prouver que j'ai gardé le souvenir de notre vieille amitié. Je ne te demande pas ce que tu fais ici, sous ce déguisement; je ne veux pas le savoir. Tu appartiens, ainsi que les deux hommes qui t'accompagnent, à l'armée fédérale, je le sais, et l'histoire que tu contais à ces ivrognes est fausse d'un bout à l'autre; mais, encore une fois, je ne te demande rien. Tu allais à la gare, viens avec moi, je vais t'y conduire.

— Je t'avais bien reconnu, Herbert, mais je t'assure.....

— Ne mens pas, Sevens; je ne veux pas me souvenir que nous ne servons pas la même cause.

Arrivé dans la gare, le sergent Herbert serra la main de Sevens et le quittant, lui dit d'un ton empreint de tristesse :

— Adieu, je suis heureux de t'avoir revu; Dieu veuille que notre prochaine rencontre n'ait pas lieu les armes à la main. Il est triste, Sevens, quand on a, comme nous, été liés par une étroite amitié, de se retrouver servant dans deux camps opposés.

Quelques instants plus tard, le train emportait vers Marietta Andrews et ses compagnons, mêlés aux soldats sudistes qui se dirigeaient sur Atlanta.

Les wagons étaient au grand complet, plusieurs hommes dans chaque compartiment étaient obligés de se tenir debout. L'atmosphère était saturée de fumée de tabac; les voyageurs parlaient haut et la discussion roulait sur la bataille de Shiloh, une victoire des Sudistes. Les volontaires se mêlèrent à la conversation, c'était le meilleur moyen de passer inaperçus et de ne pas provoquer les soupçons; du reste, dans cette région, on ne demandait aux voyageurs aucun espèce de passe-port; on pouvait circuler sur les chemins de fer en toute sécurité.

Assis dans l'angle d'un compartiment, Andrews s'isolait dans ses réflexions : il regardait le soleil descendre et se cacher derrière les montagnes de la Géorgie; à mesure que l'ombre se faisait autour de lui, que la nuit enveloppait la campagne, il sentait approcher l'heure décisive, l'heure de l'action. Plus confiant que jamais dans le succès de son entreprise, il se félicitait de l'habilité que ses hommes avaient déployée pendant cette marche de quatre jours à travers le pays ennemi ; c'était une des difficultés qui l'avaient le plus effrayé; le reste, maintenant, irait tout seul. Quel coup porté à l'ennemi, quel succès pour le Nord !

— Si je réussis — et je réussirai — se disait Andrews, dans trois jours Mitchell est maître de Chattanooga ; de là, il peut étendre son occupation sur tout le Tennessee oriental; les habitants de cette région, terrifiés par la rapidité de sa marche, viendront s'enrôler sous sa bannière, et c'est par dizaines de mille qu'il comptera les volontaires.

Les communications entre les deux armées confédérées de l'Est et de l'Ouest seront coupées ; il sera facile ensuite de détruire ces deux armées en détail. Mais tout cela n'est rien à côté de la position stratégique de l'Union : son armée s'établit du coup au cœur du territoire confédéré, ayant pour centre d'opération Chattanooga ; elle tient dans sa main tout le grand réseau des lignes ferrées, et paralyse les plans les mieux conçus du gouvernement du Sud.

Cependant, tout en se livrant à ces réflexions encourageantes, Andrews ne put se dissimuler que les chances d'insuccès étaient sérieuses ; il était surtout frappé du nombre considérable de trains chargés, qui stationnaient dans toutes les gares. Il n'était pas seul à faire ces remarques : le sergent Marion Ross, qui en savait plus long que les autres hommes sur le but de l'expédition, examinait attentivement la route ; comme Andrews, il s'étonnait de la quantité de convois se croisant sur la voie ; un désordre extrême régnait sur toute la ligne, et l'encombrement était énorme.

De plus, il constata le mauvais état de la voie, dû à l'impossibilité où était le gouvernement confédéré de se procurer des rails ; souvent le train était obligé de ralentir sa marche ; à chaque station on rencontrait de forts détachements de soldats, et toute la ligne semblait l'objet d'une surveillance particulière. Ce fut bien pis encore quand on approcha de Marietta ; on eût dit que le pays était transformé en un véritable camp. La nouvelle de la prise de Huntsville se confirmait, et cet évènement donnait lieu à de grands mouvements de troupes.

— Trop tard pour changer d'avis, murmura le brave sergent en forme de péroraison ; il arrivera ce qui pourra, il faut aller de l'avant.

A peine Ross avait-il prononcé ces mots en *a parte* que le train ralentit sa marche, et bientôt s'arrêta.

— Marietta ! cria le conducteur.

Il était minuit; les volontaires descendirent et, sortant de la gare, se mirent en quête d'une auberge pour prendre quelque repos avant la rude besogne du lendemain.

## CHAPITRE IV

### LA VEILLÉE DES ARMES

Marietta était tellement encombré qu'Andrews et ses hommes eurent peine à se loger ; après de longs pourparlers, ils parvinrent à se caser tous, à l'exception de deux, Porter et Hawkins, dans une auberge située non loin de la gare ; avant de se retirer dans les chambres qui leur étaient désignées, ils prévinrent le domestique de les réveiller pour le train qui partait le lendemain au point du jour.

Les volontaires s'installèrent dans deux chambres voisines les unes des autres, qu'ils remplirent complètement. Avant de se retirer dans la pièce qui lui était réservée, Andrews nota l'emplacement des chambres de ses hommes, afin de pouvoir les réunir avant le départ, pour leur donner ses dernières instructions.

Ces précautions prises, Andrews gagna sa chambre et se jeta tout habillé sur son lit; les yeux grands ouverts pour ne pas succomber au sommeil résultant de la fatigue des derniers jours, il se prit à rêver.

Maintenant que l'excitation était tombée, que le calme et le silence s'étaient faits autour de lui, il put envisager froidement la situation; au moment d'atteindre son but, d'exécuter le projet qu'il avait conçu, il comprenait la folie de son entreprise; un instant, il douta du succès, il eut peur de l'œuvre insensée qu'il allait entreprendre. Certes, il pouvait bien, lui, risquer sa vie, mais avait-il le droit d'entraîner à sa suite tant de braves gens, de les mener froidement à la mort? Avait-il le droit de priver sa patrie de vingt-quatre hommes braves et courageux, qui n'avaient pas hésité à le suivre, ignorant où ils allaient, sachant seulement qu'au cas d'insuccès, c'était la mort, et la mort honteuse?

Avec une lucidité merveilleuse, qu'ont, dit-on, les hommes à la veille d'un grand danger, Andrews repassa dans son esprit toute son existence ; il vécut toute sa vie en quelques minutes : il se vit, avant la guerre, heureux, entouré d'amis, près de sa mère ; ses expéditions avantureuses, où, plus d'une fois il avait failli périr, se déroulèrent devant ses yeux, et enfin, il revit sa maison de Flemingsburg la veille de son départ ; sa vieille mère le suppliant d'abandonner son projet de voyage, et lui, la trompant et cherchant à la rassurer sur le but de son absence ; son dernier entretien avec Dolly, qui avait su, pour un instant, imposer silence à sa douleur pour ne pas ébranler son courage au moment où il allait risquer sa vie pour la cause de l'Union. Il entendait encore les dernières paroles de sa mère lui faisant part des sombres pressentiments qu'elle n'avait pu lui cacher.

L'émotion le gagnait : un sanglot serrait sa gorge et soulevait sa large poitrine ; et lui, l'homme fort, l'homme brave entre tous, se prit à pleurer.

Mais déjà le mouvement se faisait dans l'auberge : on ouvrait des portes, des pas lourds résonnaient dans les corridors et sur les escaliers ; des hommes s'interpellaient à haute voix ; le jour allait bientôt paraître.

Secouant la torpeur qui l'avait envahi, Andrews se leva, fatigué, brisé, comme sortant d'un mauvais rêve ; il ouvrit sa fenêtre, et l'air frais du matin acheva de lui rendre le calme et le sang-froid dont il allait avoir si grand besoin. Un sourire plissa sa lèvre ; il eut pitié de sa faiblesse.

Andrews ouvrit doucement sa porte, et sortant à pas de loup, se dirigea sans lumière vers les chambres occupées par ses compagnons ; il s'approchait de chaque lit, réveillait le dormeur, lui demandait son nom pour ne pas commettre quelque méprise, et, à voix basse, imperceptible, lui glissait une consigne à l'oreille. Lorsqu'il eut terminé sa tournée, il revint dans sa chambre.

Quelques instants après, un de ses compagnons le rejoignit ; il fut bientôt suivi de tous les autres.

— Maintenant, mes amis, dit Andrews quand

tous les hommes furent réunis, le grand jour est arrivé ; je vais vous expliquer le but de notre voyage et donner à chacun ses instructions.

Nous avons accompli la première partie de notre tâche, la plus difficile : nous voici au cœur du pays ennemi, sans avoir été inquiétés, pas même soupçonnés. Quand nous aurons rempli la deuxième partie de mon plan, le reste ne sera plus qu'un jeu d'enfant pour des hommes tels que vous.

Dans une heure, nous allons prendre le train qui remonte sur Chattanooga ; chacun de vous, en sortant d'ici, ira chercher son billet isolément ; lorsque le train arrivera, nous tâcherons de monter tous dans le même compartiment. Le convoi qui nous emmènera porte, si je suis bien informé, des troupes et des munitions ; il est conduit par deux hommes qui ont une réputation méritée de bravoure et d'énergie : le mécanicien Murphy et l'ingénieur Fuller. Eh bien, garçons, ce train, nous allons l'enlever... Que dites-vous de cela, garçons ?

Les hommes restèrent stupéfaits à cette déclaration d'Andrews. Après un moment de silence, il reprit :

— A la station de Big Shanty, qui n'est qu'une halte, un *lug hut*, le train s'arrête vingt minutes pour le déjeuner. Nous descendrons tous de notre wagon, mais au lieu de nous précipiter vers le buffet, nous resterons sur le quai. Lorsque Murphy et Fuller auront pénétré dans la salle à manger, Brown, Knight, Wilson et moi nous monterons sur la locomotive ; Wood se glissera sous les wagons et détachera du train les trois voitures suivant la machine ; les autres hommes, sur le quai, veilleront à ce que personne ne vienne déranger notre opération, qui ne doit durer que quelques secondes. Lorsque je dirai : « ALLONS, GARÇONS, EN ROUTE », chacun se précipitera dans un wagon, Brown abaissera le levier, et nous partirons.

Quant à ce que nous aurons à faire ensuite, la chose est des plus simples : de distance en distance, nous enlèverons un rail, nous couperons les fils télégraphiques et nous brûlerons certains ponts, que j'ai notés d'avance; la poursuite sera par là même rendue impossible.

Vous avez bien compris, garçons ; surtout, du sang-froid ; pas de précipitation, ou nous sommes perdus. Il faut que tout s'exécute avec tellement d'ordre et de silence que le mécanicien ne s'aperçoive du départ de la locomotive qu'au bruit qu'elle fera en s'éloignant, c'est-à-dire quand il sera trop tard.

Maintenant, mes amis, y a-t-il quelqu'un d'entre vous qui ait une explication à me demander ou une observation à me faire ?

Le sergent Ross s'avança.

— M. Andrews, dit-il d'un ton ferme et résolu, vous me connaissez ; vous savez qu'une fois engagé dans une aventure, je ne suis pas homme à reculer ; je vais jusqu'au bout sans m'inquiéter des conséquences. Voilà cependant ce que je veux vous dire : d'après le peu de mots que vous nous avez adressés la nuit du rendez-vous, j'ai compris quel était votre projet, sans en connaître les détails ; je l'approuvais et je croyais fermement à son succès ; aujourd'hui, je n'y crois plus. Nous avons pu parvenir jusqu'ici sans être inquiétés, nous pouvons encore gagner Big Shanty et même, je vous l'accorde, nous emparer de la locomotive et de trois wagons; mais, pour remonter jusqu'à Chattanooga, jamais.

— Et pourquoi cela, je vous prie, sergent Ross?

— Parce que, répondit Ross, la défiance des confédérés est mise en éveil par la marche du général Mitchell sur Huntsville; des gardes veillent autour des trains à chaque station; de nombreux convois sillonnent sans cesse la ligne.

— Pour cela, vous n'avez rien à craindre : mes renseignements sont pris, un seul train sera devant nous et pourrait entraver notre marche; mais le temps que nous mettrons à détruire la voie lui permettra d'atteindre Kingston bien avant nous et de s'y garer; c'est un convoi de marchandises qui ne va pas plus loin. Des trains descendants, je m'en inquiète peu, dans les stations que nous traverserons, je saurai dépister la curiosité des employés et expliquer notre passage. Quant à la vigilance des Sudistes, elle n'est pas à craindre : jamais entreprise semblable à la nôtre n'a été tentée, l'ennemi ne prendra donc aucune précaution contre elle; la présence de nombreuses troupes à Big Shanty nous garantit un relâchement dans la surveillance de la part des employés; le grand nombre de trains, qui semblent vous effrayer, doit être, bien au contraire, tout à notre avantage; notre passage, à une heure inusitée, ne sera pas remarqué au milieu de tous les autres.

— Mais, Monsieur, vous n'avez donc pas vu l'état de la voie? vous n'avez donc pas regardé les nombreuses courbes qu'elle décrit, les pentes qu'il nous faudra gravir, les rampes que nous devrons descendre, conduits par un mécanicien fort habile, je le veux bien, mais qui n'a jamais voyagé sur cette route?

Non, Monsieur, croyez moi, moi qui ose vous dire ce que mes compagnons craindraient de vous faire entendre, croyez-moi, renoncez à votre projet; il est irréalisable, et vous ne réussirez pas! Ne tentez pas Dieu, M. Andrews et réservez vos forces pour une œuvre possible, mais n'allez pas jouer, dans une folle entreprise, la vie de ces hommes qui peut être si précieuse pour la défense de notre cause.

— Assez, sergent Ross, reprit Andrews d'une voix basse et lente, comme c'était son habitude quand il était en colère; assez, sergent Ross : ce que j'ai projeté de faire, je le ferai, et je réussirai ou je laisserai mes os aux mains de ces damnés Sudistes ! Mais puisque vous êtes convaincu de l'insuccès de notre cause, retirez-vous, sergent Ross, il en est temps encore, et que tous ceux qui partagent votre opinion vous suivent. Il me faut des compagnons déterminés, ayant confiance dans leur force, croyant au succès, car il est vaincu d'avance le soldat qui commence la lutte en doutant de la victoire !

— Non, M. Andrews, non, nous ne vous quitterons pas ; moi et mes compagnons nous vous suivrons jusqu'au bout, jusqu'à la mort, s'il vous plaît de nous y conduire. Quand on a choisi les hommes pour l'expédition, chaque commandant de compagnie a demandé un volontaire pour une mission périlleuse ; il s'en est présenté dix. Parmi ces dix, on en a choisi un, et à celui-là on a dit qu'il partait pour une expédition dont peut-être il ne reviendrait pas. Nous avons eu l'honneur d'être choisis parmi les braves, M. Andrews, et depuis la première heure nous avons fait le sacrifice de notre vie, pour la patrie, pour l'Union. Encore une fois, nous ne vous quitterons pas, et nous irons jusqu'au bout !

— Merci, mon brave, merci mes amis, s'écria Andrews, en pressant les mains que, dans un mouvement d'enthousiasme, ces hommes tendaient vers lui. L'Union doit être fière de compter des soldats tels que vous !

Allons, garçons, en route — et surtout n'oubliez pas mes recommandations à Big-Shanty.

Une demi-heure après, mêlés aux Sudistes, les volontaires attendaient sur le quai de la gare ; le train était signalé. A peine avait-il stoppé complètement qu'un wagon était littéralement pris d'assaut par nos hommes qui s'y installaient, entrant par toutes les portières.

Un coup de sifflet, et le train s'ébranla, emportant tous ces braves vers le succès ou vers la mort.

## CHAPITRE V

### BIG-SHANTY ! VINGT MINUTES D'ARRÊT !

De Marietta à Big-Shanty, la voie ferrée décrit une longue courbe de douze kilomètres environ, contournant la base du mont Kenesaw, situé entre les deux stations ; un an plus tard, cette région fut le théâtre d'une lutte acharnée, qui ne dura pas moins de trois mois, entre les fédéraux et les confédérés.

Lorsque le train se mît en marche, le conducteur passa dans les compartiments pour contrôler les billets ; c'était un tout jeune homme de vingt-deux à vingt-trois ans, à la physionomie brave et énergique ; il semblait regarder chaque voyageur avec un soin tout particulier ; les volontaires attiraient tout spécialement son attention : il avait été prévenu que des conscrits sudistes, méditant une désertion, pourraient bien avoir pris ce train ; il paraît que les volontaires ne lui inspirèrent aucune défiance, car, son examen terminé, il passa dans un autre wagon.

Le train marchait doucement, croisant de nombreux convois de troupes, s'arrêtant aux stations intermédiaires ; ces lenteurs donnaient aux volontaires tout le temps de réfléchir aux dernières paroles de leur chef et de méditer les instructions d'Andrews. Celui-ci avait choisi la station de Big-Shanty de préférence à toute autre pour s'emparer de la locomotive, à cause de l'arrêt prolongé du train pour le déjeuner : il était en effet probable que la plupart des employés quitteraient leurs wagons pour se précipiter dans le buffet ; une autre raison avait décidé Andrews, c'était l'absence du télégraphe à cette station. D'un autre côté, ce choix présentait des dangers : Mc Donald avait établi dans le voisinage un camp de dix mille hommes et la station était comprise dans les fronts de bandière ; cette cir-

5.

circonstance imprévue, qu'Andrews ignorait au moment où il avait conçu son plan, ajoutait encore aux difficultés de son exécution ; mais il était maintenant trop tard pour rien changer aux ordres donnés ; et puis quel autre endroit choisir ?

Cependant, l'heure décisive approchait, chaque tour de roue de la locomotive diminuait la distance qui séparait les aventuriers du lieu d'exécution, et le soleil venait de se lever sur cette journée du samedi 12 avril 1862, qui devait être témoin d'une des entreprises les plus hardies dont les annales de la guerre aient jamais fait mention. Un train contenant plusieurs centaines de voyageurs, parmi lesquels un grand nombre de soldats, arrêté au milieu d'un camp de dix mille hommes, gardé par des sentinelles montant la garde pour sa sûreté, allait être enlevé par une poignée d'hommes et entraîné à toute vapeur avant que l'alarme put être donnée, la voie obstruée ou le mécanicien tué sur la locomotive !

Une exécution rapide pouvait seule assurer le succès. Dans la dernière conférence qu'il avait eue avec ses hommes, Andrews avait tout prévu, jusqu'aux moindres détails ; le rôle de chacun était désigné : le mécanicien savait à quel signal il devait obéir ; l'homme chargé de détacher les wagons connaissait exactement l'endroit où il devait opérer ; le restant de la bande devait se tenir près des wagons, le revolver au poing, prêt à faire feu sur quiconque s'opposerait à l'exécution. Andrews devait donner le signal et se charger de toute besogne imprévue qui pourrait se présenter. Si, par impossible, il survenait un contretemps, c'est un combat terrible que ces hommes devraient engager, et ils se feraient tuer tous jusqu'au dernier. Une hésitation, un retard de quelques secondes, et les volontaires étaient massacrés sur place.

Les hommes étaient sous cette impression ; depuis que le train était en marche, depuis qu'il avait quitté Marietta, chacun d'eux s'était répété cent fois le rôle qu'il avait à jouer et avait calculé les conséquences de la non-réussite de l'opération ; le cœur du plus brave d'entre ces braves s'était serré d'émotion, mais pas un n'avait faibli.

Cependant la locomotive fit entendre un coup de sifflet prolongé, signal de l'approche d'une station, et le train ralentit progressivement sa marche. Andrews se pencha à la portière, il eut un instant de stupéfaction : il venait d'apercevoir le camp de M° Donald. Il n'eut pas le temps de se livrer à de longues réflexions sur cette complication, le train s'arrêtait et un employé parcourant le quai, criait :

— Big-Shanty ! Vingt minutes d'arrêt !

Les voyageurs, les employés, le chef de train, le mécanicien, les chauffeurs s'élancent sur la voie et se précipitèrent vers l'immense hangar qu'ils envahissent ; en quelques secondes le convoi est vide et la locomotive elle-même abandonnée.

L'instant décisif est arrivé !

Andrews se dirige vers la machine ; Wilson, Brown, Knight et lui montent sur la plate-forme, Wood a détaché la barre d'attelage qui relie le troisième wagon au quatrième, les serre-freins sont à leur poste, chaque homme prêt à sauter en voiture, et le mécanicien, la main sur le levier, n'a plus qu'à le faire mouvoir.

Andrews, debout sur la plate-forme, jette un dernier coup d'œil et, de sa voix calme, prononce le signal convenu : « Allons, garçons, en route. » Knight abaisse le levier, et la machine se met en marche.

Avant que les gardes et quelques voyageurs restés sur le quai aient pu se rendre compte de ce qui se passe, la locomotive est lancée à toute vapeur.

Les hommes sont montés dans un wagon à bagages dont ils ferment aussitôt les portes, et quelques coups de feu tirés par les factionnaires du camp n'atteignent personne.

Les soldats campés sur le bord de la voie n'avaient attaché aucune importance au mouvement de la locomotive ; ils croyaient à une manœuvre. Ils ne furent mis en éveil que par les cris des employés de la gare. Andrews, dressant sa haute taille sur le tender, put voir, avant de tourner le premier coude de la route, toute cette foule affolée, et quelques hommes s'élancer en courant après le train. Peine inutile, la locomotive marchait déjà à une allure de soixante kilomètres à l'heure ; les villages, les forêts, les plaines, les montagnes semblaient fuir devant elle ; chaque bond de la locomotive avait son écho dans le cœur des volontaires, qui déjà se voyaient à Huntsville, rencontrant Mitchell et recevant les félicitations de son armée.

Cependant la route était difficile, les pentes rapides, les courbes brusques et nombreuses. Les vallées profondes qui sillonnent cette région, coupée par de hautes montagnes, avaient rendu la construction de la ligne pénible et coûteuse : il y avait beaucoup de remblais élevés, la voie était inégale et la difficulté de se procurer des rails empêchait de faire les réparations, cependant bien nécessaires. Le mauvais état de la route augmentait considérablement la tâche du mécanicien, marchant à toute vitesse sur une ligne qu'il n'avait jamais parcourue ; elle présentait un certain danger ; mais tous les hommes avaient une confiance absolue dans la bonne étoile de leur chef, dans l'habileté du mécanicien et dans la bonne volonté de tous, pour aplanir les obstacles.

La première traite fut courte : il y eut un ralentissement dans la marche, et la machine s'arrêta. Les soldats enfermés dans le wagon, à peine remis de leur première émotion, s'effrayèrent de cette immobilité ; ils préparèrent leurs revolvers et ouvrirent la porte. Un serre-frein leur donna des explications : le combustible manquait et la machine n'avait plus assez de pression. Cette nouvelle les effraya : est-ce que le *Général* — c'était le nom de la locomotive — allait leur manquer au début de la course ?

Andrews vint les rassurer.

— Ce train, leur dit-il, ne devait pas faire plus de seize milles à l'heure, et en raison de l'arrêt de vingt minutes à Big-Shanty, arrêt que nous avons réduit à deux minutes à peine, on a laissé tomber les feux, la provision de bois devant être renouvelée avant le départ. Dans trois minutes nous aurons de la pression, et nous pourrons repartir.

Puis, sans doute pour encourager ses hommes, et aussi parce qu'il avait besoin de s'épancher, il s'écria en leur serrant cordialement les mains :

— Maintenant, garçons, le plus dur est fait, l'ennemi ne peut plus rien contre nous, il n'a pas une seule locomotive à sa disposition pour nous donner la chasse. Nous ne rencontrerons qu'un train, et après, nous pourrons nous lancer à toute vitesse, brûler les ponts que j'ai désignés, et rejoindre Mitchell à Huntsville. Nous avons tous les atouts dans la main, les rebelles ne peuvent plus rien contre nous !

Quelle joie était la sienne, et quelle confiance il inspirait à ses hommes ! Quand, trois ans plus tard, toutes les cloches du Nord sonnèrent pour célébrer la prise de Richemond, la joie des fédéraux fut moins grande que celle qu'éprouvaient les volontaires à cette heure.

En disant qu'il ne devait rencontrer qu'un train, Andrews ne faisait allusion qu'à un train supplémentaire qui marchait devant lui ; pour éviter une collision, il était obligé de régler sa marche sur la sienne, c'est-à-dire d'aller lentement. En réalité, il y avait trois convois, mais les deux autres étaient des trains réguliers, et Andrews, sachant où il les rencontrerait, pouvait sans danger, le premier passé, marcher aussi vite que bon lui semblerait. Ce n'est donc qu'au train supplémentaire qu'Andrews faisait allusion.

Le *Général* reprit bientôt sa marche, mais s'arrêta de nouveau après avoir franchi une courte distance; tout le long de la voie couraient les fils télégraphiques qui pouvaient, sur tous les points, annoncer que les Voleurs de Locomotives allaient passer. Andrews savait qu'il n'y avait pas de station télégraphique à Big-Shanty, mais il ignorait le temps que l'ennemi pourrait mettre pour atteindre un bureau; il fallait donc couper les fils.

John Scott, un jeune volontaire du 21° Ohio, grimpa après un poteau avec l'agilité d'un chat; il essaya de casser le fil en se suspendant après, mais il n'y put réussir. Alors, il brisa l'isolateur. Heureusement, on finit par trouver une petite scie avec laquelle on coupa le fil à deux endroits et à plusieurs mètres de distance; le morceau détaché fut emporté afin qu'on ne put s'en servir pour le rattacher. Pendant que deux ou trois hommes se livraient à cette besogne, les autres travaillaient à arracher les rails ; malheureusement, on n'avait pas un bon levier sous la main, et c'est avec une barre de fer de quatre pieds de long qu'il fallut soulever un rail ; enfin, après un travail pénible, on put en arracher un certain nombre ; mais que de temps perdu !

Le *Général* repartit enfin, mais stoppa de nouveau pour briser les fils et arracher un poteau qui fut placé en travers de la voie, puis le train se remit en route jusqu'à la station de Cass, où on renouvela la provision d'eau et de bois. Andrews dit au chef de gare qu'il conduisait un train de poudre à Corinth, au général Beauregard à court de munitions, et qu'il était très pressé ; il se donna comme un officier supérieur de l'armée confédérée, annonçant qu'il s'était servi, pour gagner du temps, de la locomotive de Fuller et que celui-ci le suivait avec le train régulier de voyageurs. L'invention d'Andrews était rendue invraisemblable par la présence de Mitchell entre Big-Shanty et Beauregard ; il eut été impossible d'atteindre ce dernier sans traverser le corps d'armée de Mitchell ; mais le chef de station n'était pas grand clerc, et il accepta sans le moindre soupçon l'explication d'Andrews.

Deux heures après leur départ de Big-Shanty, Andrews et ses compagnons arrivaient sans encombre à Kingston, après une course de cinquante-et-un kilomètres; ils se félicitaient de la façon dont s'était opérée la première étape de leur voyage ; il est vrai qu'ils n'avaient pu se procurer aucun instrument pour arracher les rails, ni aucune matière inflammable pour incendier les ponts ; mais, en somme, ils avaient coupé les communications télégraphiques, suffisamment endommagé la voie et se croyaient dès lors à l'abri de toute poursuite.

A Kingston devaient commencer les difficultés.

Kingston est situé à l'embranchement de la ligne qui se dirige sur Rome ; c'est une gare importante où se trouvent toujours de nombreuses locomotives. Les fugitifs espéraient rencontrer là le premier train, il était donc nécessaire de faire aiguiller de façon à ce qu'ils pussent passer devant. Quand le *Général* entra en gare, le chef de la station remit à Andrews un télégramme ordonnant au train de Fuller — maintenant le sien — d'attendre à Kingston un convoi de marchandises qui avait un retard considérable. Ce contretemps était sérieux, mais il fallut faire contre mauvaise fortune bon cœur, et le *Général* se gara.

Plusieurs personnes vinrent s'entretenir avec Andrews; les employés reconnaissaient la locomotive de Fuller et s'étonnaient de ne pas le voir. Andrews réédita l'histoire du train de munitions, et le wagon où étaient enfermés les hommes fut désigné comme contenant la poudre. La belle prestance d'Andrews, son air d'autorité, la façon aimable et dégagée avec laquelle il répondait à toutes les questions, le firent considérer comme un chef des confédérés; ses ordres et ses déclarations furent reçus avec la plus grande déférence.

Enfin, le train si impatiemment attendu arriva, il se rangea et les volontaires allaient partir, quand un drapeau rouge fut hissé sur la dernière voiture. Ce signal indiquait qu'un autre train était annoncé. Force fut donc à Andrews d'attendre encore. Cependant, la situation devenait critique : la foule s'assemblait dans la gare ; on attendait le train de Rome qui amenait des troupes, et un plus long séjour pouvait être dangereux. Andrews occupait toujours l'attention, se plaignant de ces lenteurs, manifestant son étonnement que la voie n'ait pas été tenue libre pour laisser circuler un train aussi important que le sien, quand le salut d'une armée toute entière dépendait de la rapidité de sa marche. Sa parole était si persuasive et si empreinte de vérité, que tous abondaient dans son sens. Un seul individu avait des soupçons, c'était un aiguilleur ; il murmurait sans cesse :

— Il y a quelque chose là dessous qui n'est pas clair ; je me méfie de ce beau monsieur qui commande comme si toute la ligne lui appartenait.

Heureusement personne ne tint compte des observations du bonhomme.

Que l'on s'imagine la situation des hommes enfermés dans le wagon : les quatre compagnons d'Andrews savaient à quoi s'en tenir sur le retard, mais les autres étaient dans l'ignorance la plus complète et se perdaient en conjectures sur l'immobilité du train; ils entendaient parler au dehors sans pouvoir distinguer ce qui se disait et faisaient mille suppositions.

Après une longue attente, un coup de sifflet retentit; c'était le train, on allait partir. Mais non, pas encore : un nouveau drapeau rouge flottait sur le dernier wagon! Un autre train suivait celui-ci! Que faire? hélas, rien, rester là, et cependant ne pas montrer une trop grande impatience.

Andrews, avec une admirable présence d'esprit, demanda au chef du train la signification de cet encombrement inusité de la voie.

— Le commandant de Chattanooga, répondit celui-ci, a reçu avis que le général yankee Mitchell s'avance sur la ville avec toutes ses forces, il a ordonné que tout le mouvement des trains fut dirigé sur Atlanta. Ce train est le premier, ajouta le chef, un autre me suit, qui a dû partir dix minutes après moi et qui ne peut tarder à arriver.

Cet homme demanda à Andrews qui il était, et sur sa réponse qu'il portait des munitions à Beauregard, il reprit :

— Je crains fort que vous ne puissiez gagner Corinth par Chattanooga ; Mitchell s'est emparé de Huntsville et se trouve entre vous et Beauregard.

— J'ai des ordres, répondit Andrews, et je dois m'y conformer ; je ne changerai de direction que contremandé par mes chefs ; du reste, il est probable que Mitchell n'a fait qu'une apparition à Huntsville, qu'il a dû quitter rapidement pour éviter l'armée de Beauregard.

Andrews donna alors des instructions pour que les trains fussent garés de façon à ce que lui put partir aussitôt l'arrivée du prochain convoi. Les ordres furent exécutés ; il n'y avait plus qu'à patienter. Le temps s'écoulait avec une lenteur désespérante, et pendant vingt-cinq minutes encore le train resta en gare. C'était plus d'une heure de perdue à Kingston ; une heure, c'est-à-dire le temps de brûler tous les ponts entre cette station et Dalton. Les volontaires s'étaient donné deux heures pour accomplir leur mission ; la moitié du temps était écoulé, et il n'y avait encore rien de fait. On ne pouvait tarder davantage : Andrews résolut de partir sans attendre l'autre train, bien décidé, s'il le rencontrait en route, de le faire rétrograder jusqu'à la prochaine station où il se garerait pour laisser passer le sien.

Il allait mettre son projet à exécution, quand un coup de sifflet annonça l'arrivée du convoi, il vint se ranger sur une voie de côté et les fugitifs purent enfin reprendre leur marche.

Mais une nouvelle difficulté se présenta : l'homme qui avait exprimé ses soupçons à l'égard d'Andrews, refusa formellement d'aiguiller, et, retirant les clefs, il les porta dans la gare. La situation était critique, il fallait prendre une prompte décision. Andrews entra dans la station, s'empara des clefs et ouvrit les aiguilles qu'il fit jouer. L'homme insulta Andrews et appela à l'aide pour le faire arrêter ; la foule semblait vouloir prendre parti pour l'aiguilleur ; l'action d'Andrews l'avait d'abord étonnée, puis l'avait froissée. Sans prendre garde aux rumeurs qui grondaient autour de lui, Andrews monta tranquillement sur la machine et donna le signal du départ. Au moment où le train se mettait en marche, il rejeta les clefs à l'aiguilleur, en lui criant ;

— Je vous demande pardon d'être aussi pressé, mais la Confédération ne saurait attendre votre bon plaisir.

Et le *Général* s'élança de nouveau.

Andrews conservait l'espoir que, malgré les embarras survenus, il avait encore une grande marge, et du temps devant lui ; il agit donc en conséquence. La première station importante était Adairsville, à dix milles de Kingston ; à partir de ce point, la route était plate, coupée par de petits ponts seulement ; le mieux à faire était donc de gagner de vitesse en se contentant d'embarrasser la voie. Maintenant, le train marchait à toute vapeur, les hommes oubliaient les ennuis et les émotions de Kingston, et, en y réfléchissant bien, étaient loin de trouver leur position désespérée : ils devaient encore rencontrer un

5.

train de marchandises et un train de voyageurs, ils espéraient les croiser à Adairsville ; comme ils avaient confiance dans la supercherie qui avait déjà si bien réussi, ils n'éprouvaient aucune crainte au sujet de cette rencontre ; du reste, c'était la dernière : après cela, la route serait libre jusqu'à Chattanooga.

Un peu avant d'arriver à Adairsville, le train stoppa ; Andrews fit descendre ses hommes. John Scott grimpa au poteau télégraphique et coupa le fil ; les autres arrachèrent plusieurs rails qui furent placés dans le tender et se munirent de traverses qui se trouvaient en grand nombre non loin de là. Ces précautions prises, on se remit en marche.

Le *Général* arriva à Adairsville peu de temps avant le train attendu. Andrews jouait toujours son rôle d'officier confédéré, répétant l'histoire de la poudre et donnant des ordres pour le garage des trains, puis il se gara lui-même pour laisser passer le convoi de voyageurs; mais celui-ci était en retard et comme Andrews n'avait pas de temps à perdre, après s'être consulté avec son mécanicien, il commanda le départ.

— Un train chargé de poudre, fit observer Andrews au chef de gare, ne peut rester en chemin pour le bon plaisir d'un train de voyageurs. Donc, en route.

Le train s'ébranla doucement, mais dès qu'il fut hors de vue de la station, il prit une allure rapide : les wagons semblaient sauter sur les rails ; on ralentissait à peine pour passer les courbes, et le sifflet se faisait entendre sans discontinuer. Cette marche vertigineuse n'était pas sans inquiéter les hommes enfermés dans les wagons ; ils se demandaient la cause : étaient-ils donc poursuivis ! ou bien Andrews se hâtait-il de gagner le premier pont qu'ils devaient incendier ? autant de questions auxquelles ils ne pouvaient répondre.

Le but d'Andrews était tout simplement d'atteindre la station de Calhoun avant le passage du train de voyageurs ; dans le cas où il le rencontrerait en rase campagne, il ralentirait sa marche pour éviter une collision, mais il obligerait le convoi à rebrousser chemin jusqu'à la prochaine station, afin que lui, Andrews, put passer et continuer ; ce projet était hardi.

En arrivant à Calhoun, Andrews trouva le train de voyageurs prêt à partir, il donna des ordres qui furent immédiatement exécutés, et que rendait plausibles la marche de Mitchell ; le train de voyageurs fut dépassé, et le *Général* continua sa route, qui ne devait plus être obstruée par aucun train jusqu'au but.

Quelques milles après la station de Calhoun, on fit halte pour couper le fil et graisser la machine ; on enleva et l'on arracha des rails. Comme on devait s'arrêter pendant un quart-d'heure environ, un peu plus loin, pour brûler le grand pont qui traverse la rivière Oostenaula, Andrews pensa qu'il était prudent, au cas où un train de Kingston serait envoyé à sa poursuite, de couper la voie. Malheurevsement, cette idée qui, au premier abord, parut excellente, eut les plus terribles conséquences pour les volontaires, conséquences qu'ils auraient évitées en brûlant tout d'abord le pont.

Le mécanicien passa l'inspection de la machine,

il la trouva en bon état, quoique l'eau et le bois commençassent à manquer. Le fil fut coupé et huit hommes, s'emparant de l'extrémité d'un rail, réunirent tous leurs efforts pour l'arracher ; mais il était trop solidement fixé. Les volontaires allaient l'abandonner pour enlever encore un ou deux écrous, quand au loin, dans la direction de Kingston, ils entendirent le sifflet d'une locomotive !

L'effet de ce coup de sifflet fut magique : en un clin d'œil, sous l'effort combiné des huit hommes, dont la puissance était décuplée par l'imminence du danger, le rail céda tout à coup et tous tombèrent à la renverse, roulant jusqu'au bas du remblai. En un instant, tout le monde se releva, gravit l'escarpement et sauta dans les wagons.

Maintenant, il n'y avait plus à en douter : Andrews et ses hommes étaient poursuivis ; l'ennemi les serrait de près ! Le train était en vue, et si près déjà qu'on pouvait distinguer des hommes armés sur la locomotive. C'est dans la fuite, maintenant, qu'il fallait chercher le salut !

Mais, d'où venait cette locomotive? Qui la conduisait?

Avant de faire le récit de cette chasse émouvante de deux locomotives, il nous faut retourner en arrière, à Big-Shanty, au moment où les confédérés s'aperçurent de l'enlèvement du train.

## CHAPITRE VI

### LA POURSUITE

Aussitôt que le train eut fait halte à Big-Shanty, les voyageurs et les employés se précipitèrent hors des wagons. William A. Fuller, le conducteur, Anthony Murphy, directeur des ateliers du chemin de fer de l'Etat, à Atlanta, et Jefferson Cain, mécanicien, quittèrent la locomotive, et la laissant à la garde des factionnaires, s'en allèrent, pleins de confiance, déjeuner au buffet de Big-Shanty. Ils avaient à peine commencé à goûter aux mets placés devant eux, que Murphy, qui était assis tournant le dos à la fenêtre, entendit le bruit de la vapeur s'engageant dans la soupape.

— Fuller, s'écria-t-il, qui donc manœuvre votre train?

En même temps, Cain se leva.

— Quelqu'un emmène le train! exclama-t-il.

Il ne fut plus question de déjeuner; tous se précipitèrent sur le quai de la gare, et arrivèrent pour voir la locomotive s'éloigner à toute vitesse et tourner le premier angle de la route.

Prenant une décision subite, Fuller se tourna vers Murphy et Cain.

— Venez! cria-t-il.

Et il partit de toute la vitesse de ses jambes.

Cette prétention de vouloir lutter, à pied, avec une locomotive, parut tellement insensée à tous les spectateurs de cette scène, qu'à leur passage, les trois coureurs furent salués par un immense éclat de rire et accompagnés des quolibets de la foule.

Cependant cette course, si disproportionnée qu'elle parut de prime abord, était le seul moyen pratique qui restât à Fuller et à ses compagnons.

Quelle autre détermination pouvaient-ils prendre? S'ils étaient restés inactifs dans le camp, on les eut accusés de négligence, et on leur eut reproché de n'avoir pas gardé leur train; bien heureux encore, si on ne les avait pas soupçonnés d'être les complices des ravisseurs. Tout en courant, Fuller expliqua son plan à ses compagnons; ils n'avaient pas de télégraphe ni de machines à leur disposition. S'ils avaient pu se procurer des chevaux et suivre la route en abandonnant la voie ferrée — ce qui est aussi peu dans les coutumes d'un mécanicien de chemin de fer que dans celles d'un marin d'abandonner son navire — ils auraient pu atteindre avant le train fugitif une station voisine; mais probablement personne n'eut cette idée.

Toujours est-il que Fuller et Murphy étaient loin de soupçonner quels étaient les ravisseurs de leur train. On les avait prévenus de se tenir en garde contre une tentative d'évasion possible de conscrits cantonnés dans le camp de Big-Shanty; quoiqu'ils n'eussent jamais supposé ces déserteurs capables de s'emparer de leur locomotive pour fuir, c'est cependant la première idée qui leur vint à l'esprit, et Fuller resta convaincu qu'ils ne se serviraient de la machine que pour prendre une avance de quelques kilomètres, puis qu'ils l'abandonneraient; il était donc décidé à suivre de près la locomotive, à la reprendre et à revenir à Big Shanty chercher le train et les voyageurs restés en détresse. Il était loin de se douter que des soldats fédéraux fussent dans l'affaire, et surtout qu'ils fussent les auteurs du vol de sa locomotive.

Pendant deux ou trois kilomètres, les trois hommes coururent à toute vitesse, espérant, à chaque détour de la voie, apercevoir la machine abandonnée. Ils furent bientôt fixés sur le compte de leurs ennemis. A deux milles de leur point de départ, ils virent le fil télégraphique brisé et un morceau emporté; des paysans leur apprirent qu'ils avaient vu les fugitifs occupés à graisser tranquillement la machine. Assurément, ce n'était pas ainsi qu'auraient agi des déserteurs. Ces deux faits prouvèrent clairement l'intention des fugitifs de fournir une longue traite. Qui étaient ces fugitifs? Cette question restait sans réponse. A quelques cents mètres plus loin, Fuller rencontra des ouvriers traînant une voiture à bras ; c'était là une trouvaille inespérée ; Fuller en profita aussitôt.

Maintenant, le chef de train était fixé, il avait un plan ; il résolut de le mettre immédiatement à exécution : en dépensant une somme d'énergie considérable, il pouvait tirer un grand parti de la voiture à bras ; dans les montées, il la pousserait devant lui ; dans les descentes et à place droite, il monterait dedans, et s'il arrivait à la diriger, il pourrait faire onze ou douze kilomètres à l'heure. Or Fuller savait que, en raison de l'encombrement de la voie, sa locomotive ne pourrait fournir plus de vingt-deux kilomètres dans le même laps de temps ; tous ses efforts tendirent donc à atteindre Kingston le plus rapidement possible : c'était trente milles à franchir. En outre, Fuller était informé de l'encombrement des trains à cette station et il prévoyait, ce qui arriva en effet, que les fugitifs seraient obligés d'y faire un assez long séjour. Si ce hardi coup de main eut été tenté la veille, comme cela avait été décidé au début, il aurait désespéré, car alors la voie eut été libre. Il avait encore une autre chance pour lui, ainsi que nous le verrons plus tard, et les fugitifs l'ignoraient.

Fuller ne s'arrêta pas à la question de savoir comment il s'emparerait de la locomotive quand il l'aurait rejointe; pour le moment, il ne cherchait qu'un véhicule et le moyen d'atteindre l'ennemi; il était certain, du reste, de rencontrer du renfort dans toutes les stations, le samedi étant jour de réunion des milices, des volontaires et des conscrits; il trouverait donc dans tous les villages de nombreux soldats en armes. Toutes ces réflexions ne se présentaient à l'esprit de Fuller que petit-à-petit; pour le moment, il n'était possédé que par une idée : la locomotive le *Général* lui avait été confiée, on l'avait enlevée, il fallait la reprendre, coûte que coûte. Il ne pensa même pas qu'on ait pu s'arrêter à détruire la voie.

Se poussant, se traînant, se remorquant mutuellement, Fuller et ses compagnons gagnaient du terrain. Soudain, au moment où la charette était lancée à fond de train, la terre manqua sous les pas des hommes, la voiture se renversa et, le premier moment d'étonnement passé, ils se trouvèrent tous les trois barbottant dans une mare de boue creusée au milieu de la voie. Ils étaient arrivés au premier endroit où les fugitifs avaient arraché des rails. La voiture relevée, les trois hommes reprirent leur poursuite ; mais cet accident augmenta leurs précautions et leur fit concevoir un certain respect pour les hommes qui fuyaient devant eux.

Ils atteignirent enfin la station d'Etovah, sur la rive droite de la rivière du même nom ; la voie traversait l'Etovah sur un large pont que Andrews avait négligé de détruire — ce qu'il eut pu faire en toute sécurité — parce qu'il était convaincu qu'au sud de Kingston, Fuller ne pourrait se procurer de locomotive : il n'en était cependant pas ainsi.

A huit kilomètres au-dessus de la station, sur la rivière Etovah, sont des hauts-fourneaux, appartenant au major Cooper ; ils sont reliés au chemin de fer par une voie particulière. Murphy savait que, tout dernièrement, le major avait acheté une locomotive appelée le *Yonah*, il en avait surveillé lui-même la construction dans l'atelier qu'il dirigeait et assurait que c'était une des meilleures machines de tous les Etats.

— Mais, demanda Murphy à Fuller, la locomotive est-elle là ?

Il est certain que si nos voleurs l'ont aperçue, ils l'ont détruite, l'ont jetée en dehors de la voie, ou l'ont emmenée avec eux.

— Il faut voir, répondit Fuller.

— Oui, mais si la locomotive est aux fourneaux, c'est-à-dire à l'extrémité de la ligne, c'est cinq milles de plus à parcourir, et c'est énorme.

— D'autant plus, ajouta Fuller, que nous avons dépensé deux heures trois-quarts pour faire dix-huit milles ; d'après les renseignements que nous avons recueillis sur notre route, ces damnés voleurs ont atteint Kingston quarante-cinq minutes avant que nous ne soyons à Etovah ; ils ont sur nous treize milles d'avance. Le plus que nous puissions faire maintenant, c'est d'arriver à Kingston dans une heure et demie ; or, Murphy, si nous ne trouvons le *Yonah*, autant vaut abandonner la partie immédiatement.

— Hélas, oui, soupira Murphy.

Le sort des fugitifs dépendait donc uniquement de la situation de la locomotive. Malgré toutes les précautions prises par Andrews dans la conception et l'exécution de son plan, il était écrit que le hasard serait contre lui et ferait naître une série de circonstances insignifiantes qui devaient se liguer pour faire échouer tous ces projets.

A un détour du chemin, Fuller, Murphy et Cain poussèrent un immense hourrah! Le *Yonah* était là, sur la voie principale, dirigé sur Kingston et sous pression. Les trois hommes, réunissant tous les volontaires qu'ils purent trouver, s'élancèrent sur la locomotive, et à toute vapeur prirent la route de Kingston. Mais, il fallait n'avancer qu'avec précaution : la voie coupée, l'autorité avec laquelle le chef des fugitifs se donnait partout pour un officier supérieur confédéré, laissèrent supposer à Fuller qu'il avait affaire à forte partie. Tous leurs efforts tendaient vers Kingston, mais y trouveraient-ils encore les aventuriers ? Ceux-ci auraient-ils, au contraire, passé sans s'arrêter, détruisant les trains qu'ils rencontraient ? Tout était matière à supposition, et tout tendait à les induire en erreur, jusqu'au nombre des fugitifs; dans les gares, on assurait qu'ils n'étaient que cinq ou six; dans la campagne, ceux qui les avaient vus arrêtés prétendaient qu'ils étaient au moins vingt-cinq; ce dernier chiffre paraissait assez probable à Fuller, étant donnés les dégâts qu'il constatait sur la ligne. En outre, il se demandait s'ils n'avaient pas pris des renforts en route, s'ils n'avaient pas rencontré des complices placés à l'avance sur la ligne.

Qu'importait le nombre : Fuller et ses compagnons s'étaient lancés à la poursuite de l'ennemi, ils allaient de l'avant pour accomplir leur devoir, s'inquiétant peu des conséquences.

Fuller arriva à Kingston une heure plus tôt qu'il ne l'eût fait sans la locomotive ; il apprit que « l'officier confédéré » venait de partir depuis quelques minutes seulement. Une circonstance imprévue vint retarder la poursuite : on se rappelle qu'Andrews avait fait garer sur les voies de droite et de gauche les deux premiers trains de marchandises arrivés à Kingston pendant son arrêt forcé ; il avait fait passer le troisième en arrière de lui ; la voie principale était donc encombrée ; le *Yonah* ne pouvait passer.

On perdit quelques minutes en explications, en récits de l'évènement de Big Shanty, des péripéties de la poursuite ; ensuite une discussion s'éleva sur le point de savoir quel était le meilleur et plus sûr moyen de continuer la chasse : Murphy voulait poursuivre sur le *Yonah*, et par conséquent attendre que la voie fut débarrassée ; Fuller, au contraire, voulait abandonner cette locomotive et monter sur celle du train qui obstruait la ligne. Pour couper court à la discussion, il sauta sur la machine venant de Rome, appela à lui tous les hommes de bonne volonté, et s'élança à la poursuite d'Andrews, vingt minutes après que celui-ci avait quitté Kingston. La locomotive qu'il montait, le *Shorter*, traînait deux ou trois wagons contenant deux cents hommes armés, et était suivie d'un autre train de troupes, pour le cas où l'on aurait besoin de renfort.

A peine les poursuivants avaient-ils quitté Kingston, qu'ils s'aperçurent de la différence de la locomotive qu'ils montaient avec le *Yonah*; quoique les feux fussent poussés avec vigueur, et la soupape complètement ouverte, ils ne pouvaient pas dépasser une vitesse de soixante kilomètres à l'heure. En outre, ils avaient à veiller en avant de la machine et à exercer une grande surveillance sur la voie; bien leur en prit, car ils atteignirent bientôt le premier endroit où Andrews avait fait arracher des rails. Mais là se présenta un terrible obstacle : ils n'avaient pas de rails pour remplacer ceux enlevés par les fugitifs. On résolut de déplacer des rails en arrière de la machine et de les poser devant, à la place de ceux manquants. Mais ce travail devait se prolonger longtemps, Fuller et Murphy ne se sentaient pas la patience de perdre un temps aussi précieux : ils abandonnèrent donc le *Shorter* et reprirent leur course à pied, laissant là leurs compagnons.

La course des deux piétons ne fut pas longue; ils rencontrèrent bientôt le train qu'Andrews avait croisé à Adairsville. Grand fut l'étonnement des gens du convoi quand ils apprirent que le bel officier confédéré qu'ils avaient rencontré n'était probablement qu'un « Yankee dirigeant une des plus hardies entreprises dont on ait entendu parler pendant toute la durée de la guerre. » Fuller ne perdit pas de temps en vains discours : prenant le commandant du train, il le fit reculer jusqu'à Adairsville avec une rapidité effrayante, le gara et, détachant le *Texas* — c'était le nom de la locomotive — il s'élança à toute vapeur. Comme il n'y avait pas de plaques tournantes à cette station, la machine marchait en arrière, ce qui ne lui enlevait pas de sa rapidité, mais rendait la course dangereuse en raison du mauvais état de la voie.

La distance d'Adairsville à Calhoun, qui est de seize kilomètres, fut franchie en dix minutes, et encore fallut-il s'arrêter pour débarrasser la voie des pièces de bois que les fugitifs y avaient placées. Assis à l'extrémité du tender qui, était en tête au lieu d'être remorqué par la locomotive, Fuller inspectait la ligne ; apercevait-il un obstacle, il sautait à terre, le jetait de côté et reprenait sa place, avant même que le train fut complètement arrêté. Grâce à cette rapidité vertigineuse, les poursuivants, malgré des arrêts nombreux, gagnaient du terrain sur les fugitifs.

A Calhoun, Fuller stoppa à peine ; en deux mots, il mit le chef de la station au courant des évènements, demanda quelques hommes de bonne volonté, armés, et reprit sa course.

Quelques minutes après, il apercevait le *Général* arrêté au milieu de la voie.

## CHAPITRE VII

LA CHASSE

Un instant, Andrews et ses hommes furent comme frappés de stupeur ; cette locomotive serait tombée du ciel qu'ils n'eussent pas été plus étonnés : elle ne pouvait venir de Big Shanty, ils savaient tous les obstacles qu'ils avaient entassés sur la route. Une seule hypothèse était vraisemblable : il était possible qu'un télégramme lancé au sud de Big Shanty fut arrivé à Calhoun, qu'ils venaient de quitter, après avoir fait un détour de plus de deux mille milles, en passant par Atlanta, Richemond, Chattanooga, puis, redescendant à Calhoun quelques secondes avant que le fil fut coupé, ait donné l'éveil et mis à leur poursuite la locomotive qu'ils venaient de croiser. Cette supposition n'était même pas fondée ; mais ces hommes ignoraient que leur gouvernement avait fait détruire une partie du télégraphe longeant la côte de la Géorgie, c'est-à-dire la ligne qu'eut dû suivre la dépêche pour faire le circuit qu'ils croyaient.

L'heure des suppositions était passée ; il fallait agir. Or, que faire ? Attendre l'ennemi et le combattre, ou bien courir sus et l'attaquer ?

Andrews hésitait à abandonner ses projets : le rail était interrompu, pendant que l'ennemi le rétablirait on aurait le temps de gagner le pont et de le brûler. Alors, tout était sauvé, en admettant que les stations suivantes ne fussent pas prévenues et qu'elles aussi, n'aient pas détruit la voie sur leur passage. Dans ce dernier cas, il ne leur restait plus qu'à combattre et à se faire tuer jusqu'au dernier en vendant leur vie le plus chèrement possible, ou à se sauver et à tenter de regagner, à travers les montagnes, les lignes fédérales. Le dénouement approchait.

Sans plus d'hésitation, Andrews donna le signal ; le mécanicien ouvrit la soupape toute entière et la machine repartit. Andrews encourageait ses compagnons, debout sur la locomotive.

— Hardi, garçons, à toute vapeur ! coûte que coûte, il faut atteindre le pont, et nous sommes sauvés !

Le problème, du reste, était des plus simples : atteindre le pont et l'incendier avant que les poursuivants aient le temps de réparer la voie. Sinon, combattre et mourir. La vitesse de la locomotive pouvait faire gagner une demi-minute ; peut-être était-ce le salut !

On jeta de l'huile dans le foyer, et le *Général* s'élança, bondissant ; ce fut miracle qu'un des derniers wagons ne fut pas jeté en dehors de la voie. Quoique pouvant à peine se tenir debout dans les voitures, les hommes se mirent à préparer les matériaux d'incendie : l'extrémité des wagons fut brisée et découpée en petits morceaux pour allumer le feu ; ils détruisirent les barrières pour se mettre en communication avec la machine et avec leur chef ; Andrews approuva cette mesure.

— C'est bien, garçons, hâtons-nous ; notre

vie dépend du nombre de secondes que nous mettrons à incendier le pont.

— M. Andrews, s'écria Wilson, la fumée se rapproche et la locomotive nous poursuit toujours ; elle ne s'est pas arrêtée !

C'était à peine croyable, mais il n'y avait pas à douter : un coup de sifflet clair et strident vint frapper l'oreille des fugitifs ; leur stupéfaction fut aussi grande que quand ils avaient aperçu la locomotive pour la première fois. Comment cela se pouvait-il, cependant ? l'ennemi n'avait certainement pas eu le temps d'enlever un rail derrière sa machine, et de le poser en avant. Ce fait tenait-il donc du miracle ?

Mais Andrews n'était pas à bout de ressources.

— Garçons, mettez le feu au dernier wagon... Bon, Wilson, renversez la vapeur ; vous autres, détachez le wagon..... Wilson, machine en arrière !

Et, poussé par la force d'impulsion, la voiture embrasée courut à toute vitesse sur la locomotive ennemie. Mais Fuller, qui examinait avec attention tous les mouvements des fugitifs, devina leur manœuvre ; lui aussi commanda machine en arrière ! Et quand le brulôt vint heurter le *Texas*, la secousse fut insensible ; puis reprenant sa marche en avant, Fuller continua sa poursuite, précédé du wagon incendié !

— Au deuxième wagon, garçons, commanda Andrews.

La même manœuvre fut exécutée, mais Fuller fit pour la seconde voiture comme pour la première et sa marche ne fut pas ralentie d'une manière sensible.

Comment avait-il franchi, sans s'arrêter, le rail brisé ?

Fuller, en apercevant l'espace privé de rails, allait arrêter sa locomotive, il allait faire descendre ses hommes pour rétablir la voie, lorsqu'il vit les fugitifs reprendre leur marche ; un instant, il se sentit perdu : à la vitesse où il était lancé, il lui était impossible d'arrêter un train. Mais une idée lui traversa l'esprit, rapide comme l'éclair : il s'aperçut que le rail manquant était à l'*intérieur*, d'une courbe très accentuée ; or, il savait qu'un train lancé à toute vitesse pèse de tout son poids sur le rail *extérieur* de la courbe, qui est toujours un peu plus élevé que l'autre. Si les fugitifs eussent arraché le rail extérieur, la perte du train était fatale. Avec une présence d'esprit et un sang-froid admirables, il comprit l'avantage de la situation.

— Plus vite... plus vite encore! cria-t-il à l'ingénieur.

L'espace d'une seconde, et le *Texas*, remorquant ses trois wagons, avait franchi l'endroit dangereux.

Derrière Fuller venait un autre train, celui de voyageurs qu'Andrews avait croisé à Calhoun ; il était muni des ustensiles nécessaires à la réparation de la voie, qu'il remit en état. Si Fuller avait dû attendre son arrivée, le pont d'Oostenaula était brûlé et les fugitifs sauvés peut-être. Mais grâce à son sang-froid et à son énergie, trois obstacles qui eussent paru insurmontables à tout autre furent renversés par Fuller, qui, en dépit des difficultés, sut conserver, sur cette voie tortueuse et semée d'écueils, une vitesse qui eut été déjà considérable sur une route droite et unie.

Maintenant, les fugitifs voyaient devant eux le pont d'Oostenaula ; ils redoublaient de vitesse, espérant encore pouvoir l'incendier ; mais avant qu'ils aient pu ralentir leur allure, la locomotive ennemie fondait sur eux ; force leur fut de franchir le pont et de continuer leur marche.

Maintenant, la situation leur apparaissait sous son vrai jour ; Andrews comprit qu'un train parti d'Adairsville, ou même de Calhoun, leur donnait la chasse, et dans l'ignorance où il était de la vérité, il accepta comme certitude l'hypothèse du télégramme lancé par Richemond. Il calcula immédiatement les conséquences certaines de cette découverte : toutes les stations, toutes les villes, qu'il allait traverser étaient prévenues et partout on allait tenter de l'arrêter au passage ; mais ce danger, il était inévitable ; la locomotive qui lui donnait la chasse ne lui laissait d'autre alternative que d'aller toujours en avant. Il ne lui restait plus que deux espérances : arrêter sa locomotive, la briser, et la laisser sur la voie, ou bien forcer de vitesse encore, si cela était possible, et tenter de brûler un pont. C'est à ce dernier moyen qu'il s'arrêta.

Le *Général* fut poussé jusqu'à son maximum de vitesse; la charge était maintenant moins grande, et tout le combustible préparé pour incendier le pont servit d'aliment au foyer de la locomotive. Dans son premier élan, le *Général* gagna de l'avance et laissa loin derrière lui le *Texas*. Après avoir traversé Resaca, sans stopper, on arrêta quelques minutes pour couper le fil; un des hommes, William Pittenger, profita de ce répit pour placer un rail sur la voie, une des extrémités engagée sous la ligne, et l'autre un peu élevée pour provoquer un déraillement; s'il eut été placé un peu plus bas, Fuller, qui ne l'avait pas aperçu, déraillait infailliblement; mais il frappa contre le corps même de la locomotive et fut jeté de côté.

A Tilton, Andrews put faire remplir sa chaudière; il était temps, car l'eau diminuait à vue d'œil; pour se procurer du bois, les hommes, à chaque halte, arrachaient des palissades.

La situation des fugitifs empirait à chaque instant : avec son unique wagon brisé, il eut été impossible maintenant à Andrews de faire croire au convoi de poudre ; malgré tous ses efforts, il ne pouvait que tenir le *Texas* à distance ; le temps qu'il perdait à couper les fils était compensé par celui que Fuller dépensait pour dégager la voie, sans cesse obstruée par les fugitifs qui laissaient tomber du dernier wagon des traverses sur les rails, sans ralentir leur marche. Ce fait seul empêchait Fuller de se rapprocher davantage d'Andrews. Il ne cherchait qu'à ne pas le perdre de vue pour étudier tous ses mouvements et voir quand il obstruait la voie.

Les kilomètres se succédaient sans répit, et la terrible chasse continuait toujours ; réunis sur les quais des stations, les spectateurs voyaient avec épouvante cette locomotive emportée dans sa course vertigineuse, suivie de près par trois autres dont la dernière sifflait sans discontinuer. Les fugitifs, debout sur la plate-forme, distinguaient à peine les forêts, les montagnes, les villages qui semblaient fuir de chaque côté de la route ; pour ne pas être renversés dans les rudes cahots de la locomotive, ils étaient obligés de se cramponner à quelque appui. De temps en temps la machine s'arrêtait, les hommes sautaient à terre, coupaient le fil, arrachaient un rail ou plaçaient une traverse sur la voie, puis, au signal donné, tout le monde reprenait sa place et le *Général* repartait, par un mouvement brusque, une sorte de saut lui donnant du premier coup son maximum de vitesse (1).

(1) Wilson, l'un des chauffeurs, a laissé un récit de cette course folle, nous le traduisons littéralement : « Notre locomotive était sous toute vapeur. Le mécanicien se tenait la main sur le levier, les soupapes grandes ouvertes. Le monstre de fer qui nous portait faisait, à chaque révolution de la grande roue, des bonds effrayants. Brown, le mécanicien, me répétait sans cesse : « Donnez-lui plus de bois, Alf ! » Ces ordres étaient rapidement exécutés. La locomotive cahotait et balançait comme un homme ivre, tandis que nous étions projetés de côté et d'autre comme des grains de maïs dans la poêle à frire. C'était effrayant de regarder le sol ou les objets environnants. Un rayon de feu partait sans cesse de jantes de la grande roue, et je frissonne encore quand je songe à ma première course sur la plate-forme d'une locomotive ; ce fut aussi la

Mais cette course rapide même ne pouvait les sauver : dans une lutte de vitesse entre les deux machines, il était maintenant évident que le *Texas* l'emporterait sur le *Général*; la seule chance des fugitifs reposait sur la perte de l'ennemi, et pour provoquer un déraillement ou encombrer la voie, il aurait fallu du temps, et ils n'en avaient plus.

Cependant, dans leur course folle, les deux locomotives dévoraient l'espace. Elles allaient atteindre Dalton, une station importante ; c'est le point de jonction d'une autre ligne conduisant à Cleveland, et qui, partant du tronçon principal, se dirige sur Richemond. Cette ville avait pour

dernière. Avec une rapidité vertigineuse, nous dépassions les stations, les maisons, les champs, et étions hors de vue aussitôt comme un météore, tandis que les spectateurs, qui nous apercevaient à peine, semblaient frappés d'étonnement et de stupeur. Je me suis toujours demandé comment notre locomotive avait pu rester sur les rails. Par moment, le cheval de fer semblait littéralement voler, les roues d'un côté étaient soulevées au-dessus du rail sur lequel nous nous élancions avec une vitesse effrayante à voir. »

Andrews un intérêt capital : en effet, il saurait là si la nouvelle de sa tentative avait passé par le télégraphe de Richemond ; dans ce cas, on s'opposerait à son passage ; il l'apprendrait donc trop tard.

Avant d'arriver à Dalton, Andrews fit ralentir un peu l'allure du *Général*, de façon à s'approcher avec précaution pour s'assurer s'il était attendu ; son intention, dans ce cas, était de renverser la vapeur, de courir sur son ennemi, et, avant de le rencontrer, de se sauver à travers champs. Ils ne virent rien d'extraordinaire. Andrews sauta à terre, examina les aiguilles, qui étaient ouvertes dans la direction de Cleveland, les changea et répondit à toutes les questions avec son calme et sa tranquillité ordinaire. Il fallait agir rapidement, Fuller ne pouvant tarder à arriver. Jamais le courage et le sang froid d'Andrews n'avaient été plus grands ; il donna ses ordres dans la gare avec tant d'autorité que tout le monde s'empressa de lui obéir sans tenir compte du mauvais état du wagon qui était censé contenir la poudre. Cependant, le sifflet du *Texas* se fit entendre ; tout était prêt, et le *Général* reprit sa course dans la direction de Chattanooga.

Maintenant allait se livrer le combat décisif entre les deux machines. La façon dont on le reçut à Dalton convainquit Andrews qu'on n'était prévenu nulle part de son arrivée ; mais il y avait à Dalton deux lignes télégraphiques se dirigeant de deux côtés sur Chattanooga ; il était donc évident qu'en arrivant à Dalton, Fuller télégraphierait à Chattanooga par les deux lignes. C'est pour cette raison qu'en quittant la station, Andrews ne fit point couper le fil ; il ne pouvait en détruire qu'un, qu'importait donc que la fatale nouvelle fut envoyée à Chattanooga par celui de droite ou par celui de gauche ; elle parviendrait quand même. Il ne lui restait plus qu'un faible espoir, toujours le même : brûler un pont pour arrêter le poursuivant et s'enfuir dans les bois avant que les troupes parties de Chattanooga fussent arrivées.

En entrant à Dalton. Fuller remit à un de ses hommes le télégramme suivant, écrit pendant la marche, avec ordre de l'expédier par les deux voies à Chattanooga :

Au général Leadbetter, *commandant de Chattanooga.*

« Mon train a été enlevé ce matin à Big Shanty,
» évidemment par des soldats fédéraux déguisés.
» Ils s'avancent rapidement sur Chattanooga,
» sans doute dans l'intention de brûler le pont
» du chemin de fer dans leur course. Si je ne les
» prends pas d'ici là, veillez à ce qu'ils ne tra-
» versent pas Chattanooga. »

William A. Fuller.

Trois kilomètres plus loin que Dalton, Andrews fit halte pour obstruer encore la voie et couper le fil télégraphique ; cette précaution était au moins inutile, mais Wilson et deux ou trois hommes lui demandèrent cette faveur ; pour ne pas les décourager ni leur faire connaître la vérité toute entière, il leur donna cette satisfaction. L'arrêt eut lieu en présence d'un camp de confédérés, commandé par le colonel Glen, mais la besogne fut si rapidement exécutée que les Sudistes n'eurent pas le temps d'intervenir. Les volontaires furent du reste interrompus dans leur travail par Fuller, qui s'était arrêté peu de temps à Dalton et avait repris sa poursuite acharnée, gagnant toujours du terrain sur les fugitifs ; il était près de les atteindre, quand ils pénétrèrent dans le grand tunnel situé au nord de Dalton. Craignant quelque surprise dans l'obscurité, il ralentit sa marche et, malgré son immense courage, il éprouva un grand sentiment de soulagement quand il fut de l'autre côté.

Cependant Andrews se vit dans la triste nécessité de diminuer de vitesse ; il fallait économiser le combustible et ménager la provision d'eau qui s'épuisait sensiblement. Il résolut d'incendier son dernier wagon. Les deux extrémités n'existaient déjà plus ; le toit et les deux côtés furent démolis et mis en pièces ; mais on eut bien de la peine à les allumer : le vent causé par la rapidité de la marche les éteignait et les dispersait. On apporta du feu pris dans le foyer, mais la pluie, qui tombait à torrents, avait rendu le bois tellement humide qu'il se carbonisait sans flamber ; jamais peut-être il ne fut aussi difficile d'allumer un feu. Enfin, le wagon s'enflamma, à la grande joie des fugitifs qui considéraient ce brûlot comme leur sauveur, car ils approchaient d'un pont couvert et ils espéraient, en y laissant le wagon, l'embraser tout entier. Tous les hommes passèrent sur le tender, la voiture fut détachée et abandonnée au milieu du pont; afin d'être témoins du succès de leur tentative, ils arrêtèrent la locomotive non loin de là. Leur joie fut de courte durée : à quelque distance apparut le terrible *Texas* arrivant à toute vapeur, et force fut aux fugitifs de reprendre leur course. Que n'eussent-ils donné à cet instant pour posséder chacun un fusil; il seraient restés là, et à coups de feu ils auraient disputé le passage du pont; mais ils étaient sans armes! que pouvaient leurs revolvers, à la distance où ils se trouvaient de l'ennemi?

Ils attendirent cependant jusqu'à ce que l'ennemi, pénétrant sur le pont, chassât devant lui le wagon embrasé, qu'il réussit à jeter hors de la voie. Ainsi s'envola leur dernier espoir!

Malgré la situation désespérée où ils se trouvaient, les aventuriers étaient loin de s'avouer vaincus et de songer à se rendre. Ils firent encore une halte, la dernière, celle-là, et tentèrent encore d'obstruer la voie ; ils ramassèrent aussi quelques pieux pour alimenter la machine. C'est alors que l'un des volontaires, M. Pittenger, soumit à Andrews un plan qui, bien exécuté, avait grandes chances de réussir. Chacun délibérait et proposait un moyen. Le tour de Pittenger arrivé, il s'adressa au chef :

— Il n'est que trop clair maintenant que nous n'avons plus qu'une seule chance de salut : arrêter la locomotive qui nous donne la chasse ; voici ce que je vous propose :

Nous allons remonter sur notre machine, sacrifier ce qui nous reste de combustible et partir à toute vitesse jusqu'à ce que nous soyons hors de la vue de l'ennemi ; nous nous arrêterons près d'un épais bouquet de broussailles comme on en trouve un grand nombre sur le chemin, et après avoir obstrué la voie de notre mieux, nous nous y embusquerons tous, à l'exception du mécanicien, qui restera sur la machine. Dès que ceux

7.

qui nous donnent la chasse seront en vue, notre locomotive s'éloignera, comme elle a coutume de le faire, mais plus lentement, pour attirer l'attention de l'ennemi. Selon leur habitude, les Confédérés modèreront d'abord leur allure, puis ils stopperont pour débarrasser la ligne; afin d'abréger le travail, ils descendront tous, nous en profiterons pour les attaquer; nous tuerons tous ceux qui seront à terre et sur la lomotive; un de nos ingénieurs sautera sur la plate-forme, renversera la vapeur et, ouvrant les soupapes toutes grandes, descendra pour venir nous rejoindre. La locomotive ennemie, lancée à toute vitesse, ira se briser contre le train suivant, embarrassant la voie, qui sera ainsi coupée pour les autres. Alors, remontant sur notre machine, nous pourrons fuir tranquillement et choisir à notre aise l'endroit où il nous plaira de l'abandonner, pour nous diriger ensemble sur l'armée du Nord.

Certes, M. Andrews, la tentative est hardie, mais d'elle seule dépend maintenant notre salut.

Andrews parut frappé de cette proposition, mais, — et c'était là un des grands défauts de cet homme, — s'il était capable d'exécuter de point en point un plan lentement combiné, il ne savait pas prendre une détermination ; le croirait-on ? pris au dépourvu, Andrews était très hésitant ; il fallait qu'il tournât et retournât cent fois une idée dans sa tête avant de se décider. Et à l'heure actuelle, le temps était précieux ; il fallait agir et non délibérer.

Le coup de sifflet du *Texas* retentit à peu de distance, les hommes sautèrent sur le *Général* et la course recommença, sans qu'Andrews eût pris un parti. Maintenant, du reste, la fuite était sans issue, elle n'avait plus qu'un but, rapprocher les fédéraux de leurs lignes afin de faciliter les chances de les rejoindre par les montagnes et les bois. Il convenait donc de se servir de la locomotive pour approcher le plus possible de Chattanooga. Quoique la marche fut encore rapide, elle était loin d'être comparable à la course vertigineuse qui avait précédé l'arrivée à Dalton ; du reste, la locomotive se fatiguait, l'eau diminuait à vue d'œil et le combustible aussi : quelques morceaux de wagons, précieusement conservés, et un petit nombre de piquets arrachés aux palissades de la route, formaient toute la provision. Le foyer l'eut bientôt absorbée. Alors, Andrews prit deux sacs qu'il portait fixés à sa selle et dont il ne s'était pas séparé un seul instant depuis le départ ; il les lança dans la fournaise. Pour les hommes, ce dernier sacrifice, qui semblait lui coûter, fut le signal que tout était perdu.

Andrews et les hommes placés à ses côtés sur la machine, Brown, Knight et Wilson, venaient de prendre une décision fatale : les volontaires allaient tous se séparer et tirer chacun de leur côté pour tenter de rejoindre l'armée. Cette mesure désastreuse, due à Andrews, lui était inspirée par deux motifs : d'abord, cet homme brave et courageux par excellence, ne comprenait pas la valeur du soldat ; habitué à lutter et à agir par la ruse, il n'admettait ni l'attaque, ni la défense par la force ; il espérait aussi que, comme lui, chaque homme parviendrait soit à se cacher, soit à sortir des mains de l'ennemi en inventant une histoire quelconque. Le second motif qui l'engageait à agir ainsi, venait de ce qu'il était convaincu qu'en se disséminant, ses hommes éparpilleraient les forces de l'ennemi, les lasseraient et pourraient enfin leur échapper. En temps ordinaire, il aurait eu raison; mais dans l'état d'esprit où étaient les confédérés, affolés par la nouvelle de la marche de Mitchell, terrifiés par la tentative même des fédéraux, il était bien certain qu'ils organiseraient des battues et que pas un homme n'échapperait à leurs recherches.

Il est possible, au contraire, que si les volontaires eussent quitté la locomotive tous ensemble, en troupe, et qu'ils se fussent avancés à travers champs, où la cavalerie n'aurait pu les suivre, jusqu'aux bords du Tennessee, ils auraient eu de grandes chances de rejoindre le corps de Mitchell en quarante-huit heures. C'était, du reste, l'opinion de plusieurs des volontaires, et entre autres de Georges Wilson et de Pittenger.

Faut-il reprocher cette faute à Andrews, quelles que soient les conséquences terribles qu'elle eut plus tard ? Non, assurément ; jusqu'ici il avait lutté victorieusement contre toutes les difficultés, avait renversé tous les obstacles ; maintenant, il était brisé et terrassé par la fatigue ; depuis trente-six heures, il n'avait pas dormi et il n'avait pas mangé depuis vingt heures. Une faute est donc pardonnable ; et puis, peut-on bien reprocher à un homme de s'être trompé quand il a payé son erreur au prix de sa vie?

Andrews, s'adressant à Brown, lui ordonna d'arrêter la machine, puis se tournant vers les hommes :

— Maintenant, garçons, chacun pour soi, séparez-vous, et faites ce que vous pourrez pour regagner l'armée fédérale.

Cet ordre du chef prononçait la dissolution de l'expédition ; Andrews n'était plus le chef, et les soldats se considéraient comme dégagés de leur devoir d'obéissance envers lui.

## CHAPITRE VIII

### FUITE ET CAPTURE

Quand l'ordre fatal de se disperser fut donné, les soldats, obéissant à leur chef pour la dernière fois, quittèrent la locomotive un à un et coururent, séparément ou par groupe de deux ou trois, se cacher dans les bois ; le plus grand nombre prit la direction de l'ouest.

Du côté des Sudistes, la poursuite fut organisée avec une incroyable rapidité, non seulement par les hommes de Fuller, mais par toute la population : le télégraphe annonça l'événement dans toute la région ; des cavaliers s'élancèrent dans toutes les directions, portant la nouvelle dans les villages, dans les hameaux et jusque dans les fermes isolées. Dans un rayon de plus de trente kilomètres autour de Chattanooga, les habitants abandonnaient leurs occupations, quittaient leurs travaux et se mettaient sur la piste des soldats de l'Union. A tous les bacs, aux carrefours de toutes les routes on établit des gardes, pendant que des bandes armées battaient le flanc des montagnes, fouillaient les bois, exploraient les vallées. La plupart de ceux qui se mirent ainsi à la poursuite des fédéraux étaient des chasseurs d'hommes de profession, chercheurs d'esclaves évadés qui employaient pour leur honteuse besogne une race de chiens terribles et admirablement dressés.

Que l'on s'imagine un de ces malheureux se sauvant dans les bois, seul, égaré, haletant de fatigue, souffrant de la faim, errant à l'aventure dans l'obscurité. Que l'on se figure l'effroi qu'il dut ressentir quand, dans le silence de la nuit, l'aboiement furieux des limiers sur sa piste vint frapper ses oreilles ! L'idée seule que ces terribles bêtes allaient infailliblement le découvrir, l'entourer et le dévorer peut-être, si les maîtres n'arrivaient pas à temps, n'était-elle pas suffisante pour le paralyser et le glacer d'épouvante !

Les Sudistes employèrent des chiens, ces blood-hounds, dressés à la chasse à l'homme, pour prendre quelques-uns des fugitifs.

Se cacher, était donc chose impossible. La seule chance de salut qui s'offrit aux fédéraux était de tenter de fuir et de s'éloigner au plus vite du centre des recherches.

En descendant du train, les fugitifs se séparèrent tellement qu'il nous est impossible de les suivre tous dans leur fuite ; du reste, beaucoup d'aventures sont communes à plusieurs d'entre eux : la pluie qui, depuis le matin, tombait sans discontinuer, rendant le terrain glissant et difficile ; — quelques-uns la bénirent cependant, car la terre mouillée ne gardait pas l'odeur de leur passage et les chiens perdaient la piste ; — le froid, la faim, la fatigue et pour tous aussi la presque certitude de tomber entre les mains de leurs ennemis et de payer de leur vie ou d'une longue détention leur dévouement à la cause du Nord.

Le seul moyen de donner une idée des souffrances endurées par ces malheureux est de raconter les aventures de l'un d'entre eux, William Pittenger ; plus tard, quand tous seront réunis dans le même cachot, chacun de ces braves, pour occuper les loisirs d'une longue captivité, fera le récit de ses propres aventures.

Dans sa fuite précipitée loin de la ligne du chemin de fer, Pittenger s'aperçut qu'il était seul ; personne ne suivait la même direction que lui ; au fond, il regrettait peu de n'avoir pas de compagnon, espérant ainsi se tirer plus facilement d'affaire. Il ignorait tout du pays où il se trouvait, et ne savait qu'une chose, c'est que l'armée fédérale devait être dans le nord ou le nord-est ; malheureusement le soleil ne brillait pas et il n'avait aucun moyen de s'orienter.

Pittenger, après avoir réfléchi un instant, se dirigea vers l'ouest et, toujours courant, atteignit un petit bois de sapins ; il franchit un ruisseau et gravit la pente escarpée d'une colline qui courrait parallèlement à la voie ; malheureusement cette montagne était couverte de chênes dégarnis de leurs feuilles et le fugitif restait exposé aux regards vigilants des soldats de Fuller. Après avoir franchi le sommet de cette éminence et être descendu sur la pente opposée, il se trouva en face d'un petit ruisseau, grossi par les pluies, qu'il lui fallut traverser à la nage ; la rive opposée de la crique était haute, glissante et taillée presque à pic ; pour l'escalader, Pittenger dut lutter longtemps et quant il atteignit le sommet et réussit à s'y hisser, il avait bien des fois roulé jusqu'au fond. Il se reposa un instant, et reprit sa course droit devant lui.

Tout à coup, il lui semble entendre dans le lointain un bruit inusité ; il s'arrête, écoute. Horreur ! il reconnaît les aboiements des blood-hounds suivant la piste d'un homme ; la sienne, peut-être ! Il reprend sa course, guidé par la voix des chiens, et sans s'arrêter un instant, court jusqu'à ce que les aboiements se perdent dans le lointain ; il reprend alors un pas plus modéré. Comme il descendait la pente escarpée d'une colline boisée, il aperçoit, au fond d'une vallée solitaire, une misérable hutte devant laquelle un homme travaillait à un petit jardin ; supposant que ce solitaire n'avait pas encore appris la nouvelle, il s'adressa à lui et lui demanda le chemin de Chattanooga et la distance.

— A huit milles environ, répondit l'homme, là, sur votre droite.

Pittenger suivit le chemin qu'on lui indiquait, mais comme il n'avait nulle envie de pénétrer dans la ville, il reprit bientôt sa direction première ; il marchait depuis plus d'une heure, quand, à sa grande suprise, il traversa un chemin qu'il crut reconnaître ; assurément il se trompait. Mais non, en face de lui coule un ruisseau qu'il a déjà traversé. Jugez de son étonnement ; il a tourné sur lui-même en décrivant un énorme cercle. Heureusement, il gagne une route et la prend ; il préfère rencontrer un ennemi véritable que de courir le risque de décrire toujours un cercle sans fin.

Cependant, la nuit est venue, sombre et obscure ; les nuages voilent la lune. Il rencontre un nègre conduisant une charette ; il apprend de cet homme qu'il est à quatre mille seulement de Chattanooga. Encore une fois, il quitte la route et s'élance à travers champs, puis gagne un autre chemin sur lequel il s'engage. Le bruit de pas de chevaux frappe son oreille, il hésite, mais il se décide à aborder les cavaliers pour savoir où il est. Il les croise enfin :

— Suis-je loin de Chattanooga?

— Trois milles.

— Je suis sur le bon chemin.

— Oui, monsieur.

C'était probablement des hommes envoyés à la recherche des fugitifs, mais ils ne pouvaient s'imaginer qu'un d'entre eux viendrait aussi près de Chattanooga.

Il suivait encore une mauvaise direction. Il retourna sur ses pas et erra un peu à l'aventure jusqu'à ce que la lune, se dégageant des nuages, vint lui permettre de s'orienter. Pendant des heures encore il marcha, luttant contre le sommeil, la fatigue et un vent violent qui lui fouettait la pluie à la figure. N'y tenant plus, ruisselant, grelottant il se cacha sous un arbre et s'endormit profondément.

Quand il se réveilla, la nuit était encore bien

noire, mais il reprit courageusement sa marche.

Enfin, le jour se leva; c'était un dimanche. Dans la pensée qu'il lui serait impossible de continuer sa route plus longtemps, notre fugitif abandonna le projet de gagner les lignes fédérales; il lava les traces de boue et de terre qui maculaient ses vêtements et prépara l'histoire qu'il raconterait dans la première maison qu'il allait rencontrer, et où il voulait entrer pour demander à manger; tout en marchant, il cherchait les réponses qu'il ferait aux nombreuses questions qu'on ne manquerait pas de lui adresser.

Vers midi, comme il approchait de la petite ville de Lafayette, il fut aperçu par un des hommes chargés de la surveillance des étangers. Une trentaine de personnes se réunirent aussitôt et se mirent à sa poursuite. Arrivés à cinquante mètres de lui environ, les hommes l'interpelèrent; force lui fut de rebrousser chemin, et de se rendre à leur appel. Il leur demanda ce qu'ils désiraient. Un homme, que l'on appelait major, quoiqu'il ne portât que les galons de lieutenant, se détacha du groupe et après maintes excuses sur le regret qu'il avait d'interrompre son voyage, lui posa différentes questions, regarda son argent, son révolver, mais ne trouva rien à redire.

— Mais enfin, demanda le major, qui êtes-vous? Où allez-vous? D'où venez-vous?

— Je suis citoyen du Kentucky, je viens du county de Fleming et, fatigué de la tyrannie du gouvernement de Lincoln, je me suis enfui et viens prendre du service contre lui. Je suis venu à Chattanooga, mais je n'ai pas voulu m'y enrôler, les troupes que j'y ai vues ne sont composées que de conscrits; le peu de volontaires qui s'y trouvent sont mal armés. J'ai entendu faire grand éloge de 1$^{er}$ régiment de Georgie, c'est dans celui-là que je désire m'engager.

— Mais, demanda encore le major, pourquoi, au lieu d'aller directement à Corinth, où est le régiment dont vous parlez, êtes vous venu à Lafayette?

Pittenger était fort embarrassé de répondre à cette question.

— C'est parce que, dit-il enfin, on m'a affirmé que le général Mittchell était à Huntsville et j'ai fait un grand détour pour éviter de tomber entre ses mains.

Les réponses du fugitif semblaient absolument satisfaisantes, ainsi le major, se détournant vers les hommes qui l'accompagnaient, leur dit :

— Je crois que nous pouvons laisser passer cet homme, il m'a l'air d'être parfaitement en règle.

Pittenger se félicitait intérieurement de cette décision, mais sa joie ne fut pas de longue durée; un homme à la face bronzée prit la parole :

— Bien... Oui... mais il vaudrait peut-être mieux l'emmener en ville; nous pourrions l'aider à aller à Corinth.

Tout le monde se rangea à l'avis de l'homme noir, et Pittinger fut emmené dans un hôtel de la ville où il fut reçu avec beaucoup de cérémonie, mais où, pendant quatre heures, il dut subir les interrogatoires de plus de vingt personnes. Malgré la conviction qu'avaient tous ces gens que notre homme cachait quelque chose, Pittenger répondait si nettement à toutes leurs questions qu'il ne leur vint même pas à l'esprit de le soupçonner d'avoir fait partie des Voleurs de Locomotives ; ils allaient même le relâcher.

Les choses en étaient là, quand un homme, monté sur un cheval blanc d'écume, entra dans l'hôtel ; il raconta que beaucoup de Brûleurs de Ponts avaient été arrêtés près de l'endroit où ils avaient abandonné la machine et que tous avaient déclaré être Citoyens du Kentucky de Fleming county et, que plus tard, ils avaient avoué être des soldats du régiment d'Ohio, envoyés par le général Mittchell pour brûler les ponts du chemin de fer de l'Etat de Georgie.

Ces paroles enlevèrent toute incertitude dans l'esprit des gens qui interrogeaient ; Pittenger fut immédiatement conduit à la geôle du county par le major, qui eut bien soin, avant de le remettre aux mains du gardien de la prison, de le débarrasser de son argent. Le geôlier lui prit les autres objets qu'il possédait et, après l'avoir fait monter au second étage, le fit entrer dans une grande chambre éclairée par une fenêtre garnie de barreaux de fer ; au centre de la pièce était une cage faite de barres de fer croisées, et munie d'une lourde porte ; c'est dans cette cage qu'on l'enferma.

8

Lorsque la porte de la chambre se fut refermée sur lui, Pittenger pensa involontairement aux vers du Dante :

Lasciate ogni speranza, voi ch'entrate.

De sombres réflexions s'emparèrent de W. Pittenger dès qu'il fut seul dans son horrible prison : enfermé dans le cachot des criminels, quel espoir pouvait-il conserver ? il n'avait plus qu'à se préparer à mourir, et de la mort la plus ignominieuse ; quel désespoir pour ses amis, pour sa mère, quand la nouvelle de son sort parviendrait jusqu'à eux, si jamais elle y parvenait, car n'avait-il pas donné un faux nom ? il avait dit s'appeler John Tompson. Toutes ses jeunes ambitions, ses rêves de gloire, ses désirs d'être utile, aboutissaient à un échafaud, où il monterait sous un nom supposé.

Malgré ces tristes pensées, la fatigue prit bientôt le dessus, et n'était la faim cruelle qui le faisait souffrir, Pittenger se serait endormi. Ce dernier supplice allait cesser; en effet, le geôlier lui apportait sa maigre pitance.

Dans la même cage que lui, on avait enfermé un autre prisonnier, sans doute quelque espion, chargé de profiter de sa faiblesse et de sa frayeur pour le faire parler ; ce compagnon de cage prétendit qu'il était malade et, aussitôt le départ du geôlier, offrit sa ration au fugitif, qui la dévora séance tenante ; il donna aussi quelques-unes de ses nombreuses couvertures à Pittenger, qui s'enveloppa, et se prépara à dormir.

Son compagnon lui dit alors :

— Ecoutez, camarade, voulez-vous un bon conseil ? Si, comme vous le dites, vous êtes innocent des charges qui s'élèvent contre vous, votre affaire est claire : vous serez pendu. Si, au contraire, vous êtes coupable, dites que vous êtes soldat et demandez à être traité comme prisonnier de guerre de l'Union.

— Merci, murmura Pittenger.

Et il s'endormit profondément ; son sommeil dura jusqu'au lendemain matin.

A son réveil, il se sentit tout réconforté ; l'avenir lui paraissait moins sombre, les dernières paroles de son compagnon de cage revenaient à son esprit et il commençait à en apprécier la justesse, aussi prit-il la résolution de dire son nom, d'indiquer son régiment et de réclamer le titre de soldat fédéral. Il fut interrompu dans ses réflexions par l'arrivée d'une foule nombreuse : les habitants de la ville et des villages voisins se pressaient dans la chambre et venaient voir dans sa cage cet homme que l'on supposait faire partie de la terrible bande que, dans tout le Sud, on appelait « LES VOLEURS DE LOCOMOTIVES ». Pendant des heures il fut en butte à la curiosité de cette foule, qui ne lui ménageait ni les remarques désagréables, ni même les insultes ; il dédaigna d'y répondre, mais il écoutait les conversations et il apprit que plusieurs de ses compagnons avaient été pris et qu'ils avaient avoué leur qualité de soldats de l'Union. Il résolut de faire comme eux ; mais il y avait plusieurs façons de faire cette confession. Profitant d'un instant où le geôlier s'approchait de sa cage, il lui dit qu'il avait une révélation importante à faire à l'autorité. Peu de temps après, on l'emmenait devant une sorte de tribunal composé des autorités civiles de Lafayette.

— Quel genre de révélation voulez-vous faire? demanda celui qui semblait être le président de l'assemblée.

— Messieurs, dit Pittenger, toutes les déclarations que je vous ai faites hier sont fausses....

— Nous nous en doutions, interrompit un des assistants.

— Je vais maintenant vous dire la vérité, reprit le prisonnier.

Un greffier se prépara à écrire les déclarations de Pittenger, et tout le monde écouta dans le plus profond silence.

— Parlez, Monsieur, parlez donc, dit le président.

— Je suis prêt à vous dire mon véritable nom, le régiment de l'armée des Etats-Unis auquel j'appartiens, et pourquoi j'ai pénétré ainsi dans votre pays.

— C'est justement ce que nous voulons savoir, reprit le président.

— Seulement, Messieurs, je vous déclare que

je ne dirai rien de tout cela tant que je ne serai pas conduit devant l'autorité militaire.

Il est impossible de peindre la surprise et le désappointement que causa cette réponse ; la curiosité de tous ces gens était surexcitée au plus haut degré, et ils semblaient peu disposés à subir ce retard. Le président insistait pour qu'il parlât et un des assistants alla jusqu'à le menacer, s'il ne voulait rien dire, de le faire pendre au prochain arbre.

— Messieurs, répondit Pittenger à toutes leurs objurgations, quoique votre ennemi, je suis soldat; je possède des informations militaires précieuses, et votre devoir, dans l'intérêt même de la cause que vous défendez, est de me reconduire aussitôt devant l'autorité militaire.

Le président, forcé de reconnaître la justesse de ces observations, ordonna que Pittenger fut dirigé sur Chattanooga ; c'était tout ce qu'il voulait.

Dans l'après-midi, une douzaine d'hommes vinrent le prendre dans sa prison et le conduisirent sur la place de la ville ; il fut placé dans une voiture et chargé de fers. La foule était toujours là, grouillante et menaçante, demandant pourquoi on emmenait cet homme à Chattanooga, lorsqu'il eut été si facile de le pendre séance tenante.

Pendant quelques instants le prisonnier ne répondit pas aux grossièretés de la foule, mais il se décida à lier conversation avec les hommes les plus rapprochés de sa charette. D'abord, ils ne lui répondirent que par des insultes, mais peu à peu ils s'adoucirent, et comme Pittenger plaisantait sur les précautions que l'on prenait pour l'emmener, il eut bientôt mis les rieurs de son côté.

— C'est dommage, vraiment, que ce soit un Yankee, s'écria un homme dans la foule, car il a l'air d'un bon garçon.

On avait employé, pour l'attacher, un luxe incroyable : une lourde chaîne, fixée à un collier de fer passé autour du cou, était rattachée par le milieu à la voiture, tandis que l'autre extrémité venait envelopper ses pieds. Les mains étaient liées ensemble, les coudes fixés au corps par des cordes, et lui même fixé sur la banquette de la charette. Deux hommes armés de pistolets chevauchaient de chaque côté de la voiture, et le major, armé jusqu'aux dents, prit place en face de lui.

Lorsque le prisonnier traversait un village, ses gardiens criaient :

— Nous avons pris un Yankee vivant !

Les hommes et les femmes sortaient sur leur porte pour considérer ce phénomène ; et les questions, toujours les mêmes, se croisaient :

— Où l'avez-vous pris ? Vous le conduisez à Chattanooga ? Vous allez le pendre ?

Le voyage fut long, et le cortège n'arriva que le lendemain matin au point du jour, c'est-à-dire le mardi 15 avril 1862, à Chattanooga ; malgré l'heure matinale, une foule curieuse se pressait dans les rues de la ville et devant l'hôtel où le général Leadbetter, commandant du district, avait établi son quartier-général. Pittenger fut laissé dans la voiture, et le major entra prévenir le général de son arrivée ; la conférence fut longue, et le prisonnier resta exposé encore une fois aux insultes de la multitude. Enfin on le débarrassa de ses liens et on le conduisit en présence du général.

— Qui êtes-vous ? demanda Leadbetter dès que le prisonnier fut devant lui.

— Je me nomme William Pittenger, je suis caporal de volontaires au 2^{mo} régiment d'Ohio, compagnie G.

Il expliqua ensuite qu'il avait été désigné pour l'expédition sans son consentement, sans connaître le but, qui ne lui avait été révélé qu'au moment de l'action.

— Comment s'appelle le mécanicien qui conduisait le train ?

— Je ne puis vous dire son nom, mon général.

— Quel était au juste le but de l'expédition ?

— Je ne sais pas exactement, mais je suppose qu'il s'agissait de détruire la voie ferrée, et surtout de brûler des ponts et de s'emparer de Chattanooga ; peut-être aussi d'occuper tout le Tennessee oriental.

— Mittchell avait-il donc assez d'hommes pour

exécuter ce projet? mes espions m'affirment que son corps d'armée ne se compose que de dix mille hommes d'infanterie, et de trois régiments de cavalerie.

— C'est probablement de l'avant-garde qu'il s'agit, mon général, on a oublié de vous parler du corps d'armée qui est encore à Nashville.

— Quoi ? s'écria le général stupéfait, a-t-il donc un corps de réserve ?

— Certainement, et d'ici peu, Mittchell pourra disposer de soixante à soixante-dix mille hommes.

— Que pensez-vous qu'il ait le dessein de faire avec une semblable armée ?

— Il est probable que le général Mittchell s'emparera d'abord de Chattanooga, puis d'Atlanta; ensuite, il se dirigera sur quelque point de la côte pour couper la Confédération en deux parties.

Le général resta un instant pensif, puis il s'écria :

— C'est un vaste plan ! Il peut l'exécuter s'il a assez d'hommes; mais je n'aurais jamais cru qu'il put disposer de semblables forces ! — Je vous remercie de vos renseignements, reprit le général ; maintenant, je désire que vous me disiez combien vous étiez d'hommes sur ce train, et que vous me les dépeigniez afin que je puisse les reconnaître si je parviens à m'en emparer.

— Général, répondit Pittenger, je vous ai dit volontiers tout ce qui me concerne, parce que j'ai cru que vous deviez savoir que je suis soldat, sous la protection du gouvernement des États-Unis. Mais je ne suis pas de ceux qui dénoncent leurs camarades.

— Oh ! murmura le général, je croyais avoir le droit de vous adresser cette question.

— Je ne pense pas, mon général.

— C'est bon, je n'ai pas besoin de vos renseignements ; je suis fixé : votre chef se nomme Andrews. Quel homme est-ce ?

Pittenger était atterré ! Comment Leadbetter pouvait-il être aussi bien informé? Andrews serait donc aussi arrêté? mais alors, c'était sa dernière espérance qui s'échappait, car il comptait que le chef parviendrait à gagner l'armée de

Mittchell et à délivrer tous ses hommes. Aussi répondit-il hardiment :

— Je ne puis vous dire qu'une chose, c'est que vous ne l'attraperez jamais.

Le général sourit imperceptiblement.

— C'est bon. — Capitaine, dit le général en se tournant vers un officier, conduisez cet homme au *trou*, vous savez où cela est !

Le capitaine salua et emmena Pittenger. A la porte, celui-ci trouva l'explication du sourire du général : dans l'antichambre, et pesamment chargés de fers, étaient Andrews, Marion Ross et John Wollam. Il crut prudent de ne pas avoir l'air de les connaître ; il les croisa sans même sembler les voir.

## CHAPITRE IX

### EN PRISON

N'étaient les témoignages irréfutables et les rapports officiels sur cette terrible aventure, il faudrait taxer d'exagération les détails donnés par les survivants de l'expédition sur l'horrible prison où ils furent tous enfermés, et sur les affreux traitements qu'on leur fit subir. Il ne faut cependant accuser ni les Sudistes en général, ni le gouvernement confédéré des raffinements de barbarie dont ces malheureux furent victimes, mais un seul officier, le général Leadbetter, un transfuge de l'armée du Nord, toujours ivre, que les hasards de la guerre nommèrent au commandement du district de Chattanooga. Effrayés par sa dureté, craignant d'être accusés de sympathie pour les prisonniers, les subordonnés de Leadbetter se contentaient d'exécuter ses ordres sans jamais oser lui faire la moindre remontrance. Telle est la cause des souffrances endurées par Andrews et ses volontaires.

Le capitaine chargé d'emmener Pittenger dans sa prison appela huit hommes de garde, et sous cette escorte, fit traverser une partie de la ville au prisonnier pour le conduire à la *prison des nègres*, connue sous le nom de « The Hole » *le trou* ; cette geôle se composait, outre le logement du gardien, de deux pièces : l'une formant un rez-de-chaussée, un peu élevé, où l'on accédait par un escalier extérieur ; l'autre, en sous-sol, ayant son entrée dans la première ; on y descendait par une trappe et une échelle.

Le geôlier chargé de la garde de cet établissement était un homme de soixante ans, ignorant et brutal — ce que, dans le Sud, on appelait à cette époque un « pauvre blanc ». Il parlait sur un ton monotone et dolent, excepté quand un de ses pensionnaires se permettait d'adresser quelque réclamation, comme une augmentation de la ration d'eau, par exemple ; alors, sa voix vibrait en notes criardes et perçantes. Le digne homme estimait que cette prison et le régime que l'on y suivait étaient bien trop bons pour des nègres ou des Yankees et que, quand ils étaient confiés à sa garde, ils devaient se trouver satisfaits de tout et le déranger le moins possible ; il se nommait Swims.

A l'arrivée du capitaine et de son prisonnier, le geôlier ouvrit la porte et conduisit les nouveaux venus dans la première chambre ; elle était occupée par cinq ou six misérables qui, bien sûr, n'avaient pas fait leurs ablutions depuis des mois. Pittenger recula d'horreur et de dégoût en songeant qu'il allait être mêlé à cette triste société ; hélas ! ce n'était pas encore là le « trou ».

— Où vais-je le mettre ? demanda Swims au capitaine en désignant Pittenger.

— Dans le trou, parbleu ! répondit le capitaine.

Le geôlier se baissa, ouvrit la trappe et la releva péniblement ; aussitôt, de ce trou sombre et profond sortit une bouffée d'air fétide et brûlant, qui fit reculer Pittenger; mais les baïonnettes étaient là pour le forcer d'avancer. Une échelle fut descendue dans le trou et assujettie malgré les cris et les imprécations des prisonniers, et Pittenger, les mains toujours attachées, fut contraint de descendre dans les profondeurs de cet enfer, une pièce de treize pieds carrés. Arrivé au pied de l'échelle, Pittenger, piétinant sur des corps humains, chercha une place. L'échelle fut retirée, et la trappe retomba lourdement, rendant un son lugubre.

Deux ouvertures seulement laissaient passer l'air dans le trou; une, située sous l'escalier extérieur, et l'autre du côté opposé, mais plus bas que le niveau du sol; toutes deux étaient larges d'un pied carré, garnies d'épais barreaux de fer, et trop étroites pour laisser passer l'air ou la lumière du jour. Peu à peu, Pittenger s'habitua à cette demi-obscurité et finit par distinguer ses compagnons de captivité : quatorze blancs et un nègre; les blancs étaient des Nordistes du Tennessee, accusés d'espionnage envers les Sudistes.

Une heure environ après l'arrivée de Pittenger, la trappe s'ouvrit de nouveau, et malgré les protestations des malheurenx habitants du trou qui demandaient qu'on n'augmentât pas leur nombre — ils étaient seize dans un trou de treize pieds carrés — on fit descendre trois hommes de plus, c'étaient Andrews, Wollam et Ross; malgré l'horreur de leur situation, il étaient heureux de se rencontrer, et se serrèrent la main avec effusion.

Peu de temps après, d'autres arrivèrent ; chaque fois qu'il descendait un Volontaire, on faisait remonter un des Tennessiens, de sorte qu'ils occupèrent à eux seuls le trou ; ils étaient au complet ; les vingt-deux hommes étaient là, réunis avec leur chef.

S'installer dans un si petit espace fut toute une affaire pour ces vingt-deux hommes, attachés deux ou trois ensemble, soit par des menottes fixées à la main gauche de l'un et à la droite de l'autre, soit par une chaîne rivée au cou de trois hommes. Nous n'insisterons pas davantage sur les traitements infligés à ces soldats prisonniers.

Pendant les longues journées, ces hommes parlaient de leur situation et s'entendaient sur les réponses à faire durant les interrogatoires qu'ils allaient probablement subir. Il fut convenu qu'ils revendiqueraient bien haut leur titre de soldats de l'Union, ne révéleraient sous aucun prétexte le nom du mécanicien qui avait conduit la locomotive, ni la qualité de Campbell qui, lui, n'était pas soldat. Il fut aussi convenu que tous les hommes nieraient avoir fait volontairement partie de l'expédition, et soutiendraient qu'ils avaient été commandés pour une mission dont ils ignoraient le but.

Le point le plus délicat était celui qui concernait Andrews : il avait déjà avoué qu'il était le chef de l'entreprise ; il était donc impossible à ses hommes de dire qu'ils ne le connaissaient pas ; mais il leur demanda d'affirmer qu'ils ne l'avaient jamais vu avant le départ ; qu'ils l'avaient toujours considéré comme un officier de l'armée fédérale qui leur avait dit s'appeler Andrews et que, sans plus s'informer, ils avaient ponctuellement obéi aux ordres qu'il leur avait donnés.

Bien leur prit de se concerter de la sorte, car dès le lendemain commencèrent de longs interrogatoires pendant lesquels les confédérés employèrent toute leur finesse pour obtenir de plus amples renseignements; fidèles à la ligne qu'ils s'étaient tracée, pas un de ces hommes, dont quelques-uns cependant étaient illettrés et simples d'esprit, ne fit d'autre réponse que celles convenues d'avance.

Les interrogatoires terminés, chacun des hommes proposa de raconter comment il avait été capturé après l'abandon de la locomotive, et par quelle série d'aventures il avait passé, avant d'arriver au trou où tous étaient maintenant réunis.

Pittenger fit, le premier, le récit de son voyage et de son arrestation; nous en connaissons tous les détails. Ensuite vint le tour de Jacob Parrot et de Samuel Robinson, du 33ᵉ régiment d'Ohio :

— Notre voyage n'a pas été long, dit Samuel Robinson, mais ce pauvre Parrot a eu bien à souffrir. En quittant la locomotive, nous partîmes tous deux, nous dirigeant vers les bois; je m'aperçus bientôt que nous faisions fausse route. Cependant, il était impossible de revenir sur nos pas pour le moment, et nous nous cachâmes dans le bois; après plusieurs heures d'attente, nous décidâmes de nous diriger de nouveau vers le chemin de fer pour traverser la voie; elle était surveillée. Quatre hommes s'emparèrent de nous et nous conduisirent à Binggold, où une compagnie de soldats confédérés était campée.

A peine arrivés, il nous fallut répondre à une foule de questions; je commençai l'histoire du Kentucky, mais on ne me crut pas. Quant à Parrot, impossible de lui tirer un mot; le pauvre garçon (Parrot n'avait pas 18 ans, il avait l'air d'un enfant; c'était un homme sans la moindre instruction) avait probablement peur de dire quelque sottise. Ce silence obstiné ne faisait pas le compte des Sudistes; l'officier qui commandait le détachement résolut de lui appliquer le moyen que l'on emploie avec les nègres fugitifs pour leur délier la langue.

Ah! mes pauvres amis! je suis encore tout ému quand je songe à la scène atroce dont je fus témoin sans qu'il me fut possible d'intervenir !

Quatre hommes s'emparèrent du pauvre garçon, mirent ses épaules à nu et lui appliquèrent cent coups de fouet ! Trois fois, les bourreaux s'arrêtèrent et renouvelèrent leurs questions. Mon brave camarade refusait toujours de répondre, et trois fois, le supplice recommença. Enfin, on allait nous pendre, quand un officier intervint. C'est alors que, voyant tout perdu, je me décidai à dire la vérité, ce que j'aurais dû faire dès le début.

On nous conduisit en prison à Binggold, et trois jours après, on nous amena ici.

Mais toute sa vie ce pauvre Parrot portera sur son dos les marques du fouet des Sudistes.

A. Dorsey, qui s'était enfui avec Georges D. Wilson, William Bensinger et Robert Buffum, prit ensuite la parole.

— Aussitôt après avoir abandonné notre pauvre *Général*, je me dirigeai, suivi de mes compagnons, vers le nord-est, essayant de gagner un bouquet de bois situé sur le penchant de la montagne. Il était fort difficile de dissimuler notre marche, le bois était peu touffu et l'ennemi nous suivait de près. Il fallut prendre une allure rapide pour atteindre au plus vite les hautes futaies. Le temps était couvert et nous ne pouvions nous orienter ; c'est donc un peu à l'aventure que nous errâmes jusque vers minuit. Nous gagnons une clairière, au centre de laquelle s'élève une hutte ; au travers des fentes du mur brillait la clarté d'un grand feu. Nous nous approchons de la maison, je frappe à la porte ; pas de réponse. Bensinger appelle, toujours rien ; alors, Wilson pousse la porte et nous entrons : sur le sol, étendu tout de son long, demi-nu, les pieds près de foyer, un homme d'une taille demesurée se tordait, secoué par une violente crise de coliques ; accroupie près de lui, sa tendre moitié lui posait des cataplasmes de cendre chaude. Nous arrivions bien mal à propos ; on ne répondit même pas à notre demande d'acheter des vivres. Force nous fut donc de continuer notre route dans l'obscurité, sous la pluie, pataugeant dans la boue.

Vers le matin, nous rencontrons une autre

cabane : sans entrer, nous achetons un seau de lait que nous avalons sous bois ; puis la marche recommence à l'aventure. A dix heures, nous apercevons des cavaliers qui certainement sont à notre recherche; nous les évitons en nous cachant; mais bientôt, nous en voyons d'autres, et plus nous avançons, plus ils deviennent nombreux.

Nous allions changer de direction pour éviter ce dangereux voisinage, quand la voix des chiens vint frapper nos oreilles ; aboyant à gorge déployée, ils ont pris notre piste et descendent une colline sur laquelle nous venons de passer ; des hommes les suivent. A mesure que la meute se rapproche, nous entendons des cris d'appel poussés dans toutes les dirictions; nous étions cernés.

Ce que nous avions de mieux à faire était de nous diriger vers les chasseurs ; quand nous les abordâmes, ils ne voulurent rien entendre de nos dénégations, et bientôt nous étions entourés par une cinquantaine d'hommes armés. Nous nous trouvions séparés en deux groupes, Buffum et Bensinger ensemble, faisant de leur mieux pour prouver qu'ils étaient victimes d'une erreur; moi et Wilson les imitant.

C'est Wilson qui portait la parole; il affirma aux chasseurs que nous n'étions pas ceux qu'ils cherchaient, mais bien d'honnêtes Virginiens en quête d'esclaves fugitifs; il raconta, ma foi, une histoire fort bien inventée, qui aurait dû convaincre les plus incrédules. Il en fut pour ses frais d'imagination.

Il fallut se rendre, nous donnâmes nos pistolets et nos couteaux à ces hommes, et alors commencèrent les insultes : un gamin d'environ seize ans plaça son pistolet contre le front de Wilson, et il l'aurait tué, sans l'intervention d'un des assistants que l'on appelait Major. Une espèce de brute, répondant au nom de Black Billy, s'avança vers moi, me menaçant d'un fusil à deux coups et jurant que chaque canon contenait seize chevrotines et qu'il allait me les loger dans le corps.

Au point où nous en étions, il n'y avait plus de ménagements à garder, je donnai donc libre cours à mon indignation :

— Messieurs, m'écriai-je, nous nous sommes

rendus, nous vous avons remis nos armes; si vous avez envie de nous tuer, eh bien, tuez-nous!

Et découvrant ma poitrine, je fis un pas en avant. Etonnés par notre attitude, ces brutes se contentèrent de nous attacher solidement, et de nous conduire dans une maison située à un mille de là, où ils nous firent servir un excellent diner. C'est alors que j'appris qu'une récompense de cent dollars était promise pour chaque Voleur de Locomotives capturé. Après diner, on nous mena à pied à Ringgold, et nous fûmes incarcérés; c'était le dimanche 13 avril 1862.

Le même soir, nous prenions le train et l'on nous dirigeait sur Marietta, où nous étions de nouveau mis en prison; c'est de là que nous étions partis, quarante huit heures avant, pour notre expédition. Que d'évènements durant ces deux jours!

Le mardi, on nous fit sortir du sombre cachot où nous étions enfermés et l'on nous attacha deux à deux par une lourde chaîne fixée au cou. J'étais accouplé avec Wilson; puis on nous mit les menottes. C'est alors que nous retrouvâmes Hawkins et Porter. On nous fit ensuite monter dans le train jusqu'à Dalton ; nouvelle halte dans cette gare en attendant l'arrivée de l'officier chargé de nous conduire.

Nous étions dans une salle d'attente, entourés d'une foule grossière et insolente contre laquelle notre escorte avait toutes les peines du monde à nous protéger ; des dames, accompagnées de leurs domestiques, nous envoyèrent un excellent souper. Ensuite, elles nous firent prier par un groom de nous lever, afin de pouvoir nous examiner à leur aise ; les deux premiers couples, se rendirent à leur désir, mais quand vint le tour de Wilson et de moi, nous refusâmes, chargeant le groom de leur dire que nous étions pas là pour servir d'objet de curiosité, que s'il leur plaisait de s'approcher de nous, nous serions heureux de causer un instant avec elles. Deux dames seulement se rendirent à notre invitation : une femme âgée et sa fille ; elles pleuraient sur notre malheureux sort, la plus jeune des deux me fit remettre une rose et son nom.

Maintenant, mes amis, que vous dirai-je que vous ne sachiez déjà : de Marietta, on nous amena ici et avant de venir vous rejoindre dans ce trou, dans cet enfer, plutôt, nous avons subi les mêmes insultes de la foule, les mêmes interrogatoires, les mêmes mauvais traitements que vous.

On se souvient que deux hommes, Hawkins et Porter, n'avaient pu se loger à Marietta dans le même hôtel que leurs camarades; réveillés en retard par le garçon, il ne purent prendre part à l'expédition de Big Shanty; ce sont ces deux volontaires que le précédent narrateur avait trouvés dans la prison de Marietta.

— Et vous, demanda l'un des prisonniers en s'adressant à Porter et à Hawkins, comment donc vous êtes-vous laissés prendre, puisque vous n'étiez pas avec nous sur la locomotive?

— Cela n'a pas été bien long, répondit Hawkins, écoutez plutôt :

Le garçon de l'hôtel où nous étions descendu oublia de nous réveiller à temps, et quand Porter et moi nous arrivâmes à la gare, le train partait.

Je n'essaierai pas de vous dépeindre notre désappointement. Nous ne savions trop que faire et nous errions par la ville, attendant la nouvelle de la capture du train. Le bruit de cet évènement ne tarda pas à se répandre dans Marietta avec force détails, produisant une excitation difficile à concevoir.

Nous comprîmes bientôt que notre présence à Marietta était dangereuse et nous quittâmes la ville, décidés à gagner Big-Shanty pour nous enrôler dans l'armée de M° Donald.

Dès notre arrivée au camp, il nous fallut répondre aux questions d'un colonel et d'autres officiers; satisfaits de nos explications, le colonel ordonna notre incorporation dans le 9° régiment de Géorgie. Tout alla bien pendant les deux premiers jours, mais le troisième, la nouvelle arriva au camp que les Voleurs de Locomotives avaient laissé deux des leurs à Marietta, et que les hommes arrêtés depuis avaient tous déclaré être citoyens du Kentucky. La ressemblance de ces réponses avec les nôtres eut pour résultat immédiat de nous faire diriger sur la prison de Marietta, où nous restâmes deux jours. Le mardi, nous fûmes joints à nos camarades Dorsey et Wilson ; vous savez le reste.

— A qui le tour ? demanda un prisonnier.

— A moi, si vous voulez, répondit Alfred Wilson.

— Nous vous écoutons.

— Mes chers amis, je me sauvais en courant loin de cette locomotive sur laquelle, vous vous le rappelez, je remplissais les fonctions de chauffeur, quand je m'entendis appeler par mon nom ; je m'arrête, c'était Wood qui, craignant de rester seul, me demandait de m'accompagner ; j'y consentis volontiers, et nous reprîmes notre course.

Je ne voulais pas trop m'écarter avant la nuit, je gagne donc un petit bois où l'on avait récemment abattu des arbres ; le sol était jonché de branches et de rameaux feuillus ; je fais coucher Wood et le dissimule sous un tas de branchages, puis je me glisse à ses côtés ; nous restons là jusqu'à la nuit. Bien des fois ceux qui nous poursuivaient sont passés près de nous, assez près pour nous toucher, et pour que nous entendissions leur conversation, qui n'était pas rassurante, je vous prie de le croire.

La nuit venue, nous nous décidons à quitter notre cachette ; la position n'était plus tenable. Après un moment d'hésitation nous prenons une direction opposée à celle suivie par tous les fugitifs, et nous nous acheminons vers l'est, dans l'intention de contourner Chattanooga. Pendant toute la nuit, nous marchâmes aussi vite que possible et, au point du jour, nous nous glissâmes dans une meule de paille. Nous dormions là depuis une heure environ, quand nous fûmes découverts par deux femmes qui venaient chercher des œufs. Vous jugez de leur frayeur : elles se sauvent en criant vers une maison voisine ; nous les suivons et j'explique aux habitants que nous sommes à la recherche des Voleurs de Locomotives ; on nous donne à manger ; il était temps car nous tombions d'épuisement.

Après nous être un peu reconfortés, nous nous éloignons et jusqu'au soir nous restons cachés dans un bois voisin ; à la tombée de la nuit nous reprenons notre course vers le Tennessee. Nous arrêtant le jour, marchant la nuit, nous continuons notre voyage jusqu'au mercredi matin ; du sommet d'une montagne que nous venions de gravir, nous apercevons une maison dans la vallée, nous nous y rendons et nous apprenons que nous sommes près de Cleveland ; on nous donne à déjeuner, et de nouveau, en route.

Ce qui me tourmentait le plus, c'était de marcher ainsi à l'aventure, aussi je résolus de me procurer une carte ; Cleveland n'est pas très éloigné, je me décide à m'y rendre. Je trouve une bonne cachette pour Wood, non loin de la ville où je pénètre, et j'achète un atlas ; puis je viens rejoindre mon compagnon. Maintenant nous allions pouvoir nous diriger.

Mon intention était de gagner le Tennessee et de descendre jusqu'aux lignes fédérales. Notre première rencontre fut une ferme isolée dont la propriétaire, une dame âgée, ne crut pas un mot de l'histoire que je lui contai ; elle nous dit que nous étions des hommes de l'Union et, en cette qualité, nous servit un excellent repas ; son mari, qui revint bientôt après, nous donna une foule de précieux renseignements et des indications pour éviter un parti de cavalerie qui battait les environs. La mauvaise chance ne pouvait nous abandonner sitôt : en sortant de cette maison hospitalière, nous tombons justement dans la troupe que nous voulions fuir.

Le chef nous interrogea ; satisfait de nos explications, il nous laissa partir, non sans nous avoir fait prêter serment de fidélité à la confédération.

Le soir, nous revînmes à la ferme où nous avions été si bien reçus ; nous y trouvâmes encore un excellent accueil ; de plus, on nous offrit le vivre et le couvert pour quelques jours et un guide sûr qui se chargea de nous conduire à un petit affluent du Tennessee. De l'autre côté de la crique, j'aperçus un bateau amarré ; mais la rivière charriait du bois, il eut été imprudent d'essayer de la traverser à la nage.

Je ne savais trop quel parti prendre, quand l'idée me vint d'appeler le propriétaire de l'embarcation ; il nous fit passer la rivière et je lui donnai en paiement un billet de cinq dollars, mais comme il n'avait pas de monnaie, je lui demandai de me faire crédit jusqu'au soir ; il accepta volontiers, et je revins dans la journée pour le payer ; puis, la nuit venue, Wood et moi lui *empruntâmes* son bateau. Je suis bien honteux de ce vol, mais ne fallait-il pas sauver notre vie ?

Nous voilà donc en route, descendant le courant de la petite rivière ; bientôt nous arrivons à son embouchure dans le Tennessee ; elle était gardée. Avec bien des précautions, nous réussissons à passer inaperçus.

Je ne vous raconterai pas notre voyage sur le Tennessee, par une pluie battante et un vent violent, mourant de faim et de froid ; plusieurs fois nous fûmes arrêtés, mais toujours nous réussissions à nous tirer d'affaire en disant que nous étions chargés de surveiller la rivière pour empêcher les désertions. Nous traversâmes ainsi Chattanooga, nous franchîmes des rapides et mille fois nous avons été sur le point de périr. Enfin, nous arrivons à Stevenson où, d'après les renseignements recueillis en route, nous pensions trouver l'armée fédérale.

Nous pénétrons dans la ville, nous tombons en plein dans un régiment Sudiste; on nous arrête. A force de mensonges et de je ne sais plus quelle histoire, je parviens à convaincre l'officier que nous sommes des Confédérés ; il donne ordre de nous relâcher. Nous allions nous éloigner, lorsqu'un homme sort du rang et affirme que je suis un des cavaliers fédéraux qui ont attaqué la ville la nuit précédente.

Je me défends en vain, et alors que je dis la vérité je ne suis pas cru ; c'est une compensation pour les nombreux mensonges que je leur ai faits et qu'ils ont acceptés sans mot dire.

De là, on nous conduit à Brigeport, où un homme nous reconnaît pour nous avoir vus sur la locomotive, aux côtés d'Andrews. Inutile de nier, on ne nous écoutait même plus.

Enfin, mes amis, nous fûmes amenés à Chattanooga, devant Leadbetter, puis envoyés ici.

Le récit des autres fugitifs n'offre que peu d'intérêt ; restait celui de Andrews, Ross et Brown, mais ils ne le firent pas ; du reste, quoique montrant beaucoup de sympathie à tous ses compagnons, Andrews affectait de parler fort peu de ses affaires passées ou futures, et pour tous les hommes, il paraissait certain qu'il mûrissait un projet dans son esprit : voulait-il s'évader ou seulement corrompre ses juges? toujours est-il qu'il semblait compter sur un secours extérieur.

# CHAPITRE X

## A FLEMINGSBOURG

En quittant sa maison de Flemingsbourg, le 30 mars, Andrews avait assuré à sa mère et à sa fiancée Dolly que son absence ne se prolongerait pas au delà de quinze jours ; en effet, si son expédition avait réussi, il pouvait être de retour pour le 15 avril, il comptait même rentrer le 14. Nos lecteurs savent par quelle suite d'évènements son retour se trouvait indéfiniment retardé.

Les deux femmes passèrent dans une inquiétude mortelle les jours qui suivirent la date tant désirée ; Mme Andrews surtout voyait dans ce retard la réalisation de ses tristes pressentiments, et, quoiqu'elle n'osât pas le dire pour ne pas effrayer la pauvre Dolly, elle était absolument convaincue qu'elle ne reverrait plus son fils.

Comment se procurer des nouvelles? Mme Andrews croyait James parti pour un voyage d'affaires, mais elle ignorait dans quel county il s'était rendu; Dolly ne voulait pas la détromper et lui dire le véritable but de l'expédition d'Andrews. Du reste, si la jeune fille savait que son fiancé était parti pour accomplir une mission contre l'armée du Sud, « mission destinée à jeter l'épouvante dans les rangs de nos ennemis », avait dit James le soir de son départ, elle ignorait absolument vers quel point Andrews s'était dirigé. Son absence prolongée commençait à l'inquiéter, mais elle ne désespérait pas encore; elle avait une confiance illimitée dans le courage, l'adresse et le sang-froid de James, et puis, elle se disait qu'une semblable expédition pouvait bien se prolonger un jour ou deux au-delà des limites fixées. Elle mettait donc tous ses efforts à rassurer Mme Andrews.

Le 18, profitant d'un rayon de soleil, après plusieurs jours de pluie, Dolly descendit dans le jardin ; elle parcourait lentement les allées, songeant à Andrews, qui pouvait arriver d'un instant à l'autre, au bonheur de le revoir, à la joie de le savoir rentré pour toujours, car il avait promis qu'il ne partirait plus, quand elle entendit prononcer son nom. Elle se retourna, c'était un vieux domestique de son père qu'elle avait amené avec elle lorsqu'elle était venue habiter la maison de Mme Andrews.

— Mademoiselle, dit le vieux serviteur, on vend des journaux Sudistes dans la ville ; j'ai pensé que cela vous intéresserait, j'en ai acheté un.

Et le vieillard lui tendit un numéro du *Southern Confederacy*, d'Atlanta, du 15 Avril 1862.

La jeune fille remercia le vieil Harris, et dépliant le journal, lut ce qui suit, écrit en lettres énormes à la première page :

LA GRANDE CHASSE EN CHEMIN DE FER

L'AVENTURE LA PLUS ÉTONNANTE ET LA PLUS EXTRAORDINAIRE DE LA GUERRE

L'ENTREPRISE LA PLUS AUDACIEUSE QUE LES YANKEES AIENT JAMAIS CONÇUE OU TENTÉ D'EXÉCUTER.

*Enlèvement d'une locomotive. — Destruction de la voie. — Poursuite à pied, en charrette à bras, en locomotive. — La surprise. — La course. — La capture. — La merveilleuse énergie de MM. Fuller, Murphy et Cain, etc., etc....*

« Depuis notre dernière édition, nous avons
» obtenu des renseignements complets sur l'a-
» venture la plus étonnante qui soit jamais arri-
» vée sur le continent américain : cette entreprise
» est la plus considérable qui ait encore été
» conçue par le gouvernement de Lincoln, de-
» puis le commencement de la guerre, tant par
» son audace que par les résultats qu'elle aurait
» pu avoir.

« Rien n'a été tenté de si grand, et rien, dans
» le domaine des choses possibles, ne pouvait
» être imaginé, dont l'accomplissement devait
» avoir pour nous des conséquences plus désas-
» treuses.

« Sa possibilité et ce qui a été accompli, dépas-

» sent le maximum des conceptions les plus
» extravagantes du mystificateur Arrowsmith. »

Suivait un compte rendu fidèle des évènements que nous avons racontés ; l'auteur entrait dans les plus minutieux détails, puis il indiquait les causes qui avaient empêché la réussite de cette tentative insensée.

Dolly, qui avait commencé la lecture de ce long article avec curiosité, s'arrêta bientôt frappée de stupeur : elle venait de voir, écrit en toutes lettres, le nom d'Andrews ; c'est lui qui était le chef de cette expédition. Tout d'abord, elle éprouva un sentiment de joie et d'orgueil à la pensée que c'était Andrews, son fiancé, celui dont elle allait porter le nom qui avait tenté une telle entreprise ; mais bientôt, sa joie se changea en désespoir : Andrews était prisonnier des confédérés ! Quel sort lui était réservé ? la mort, peut-être !

— Quelle pitié peut-il attendre de ces hommes, s'écria-t-elle. Oh ! ces Sudistes ! Ils m'ont déjà pris mon père ; il tiennent mon fiancé entre leurs mains.......... mais je saurai bien leur arracher leur proie, dussé-je aller me jeter au pieds des chefs de ces rebelles, de ces confédérés maudits !

Dolly continua la lecture du journal jusqu'au bout ; elle relut deux fois les passages qui avaient trait à Andrews, puis elle le cacha dans sa poche.

— Il ne faut pas, dit-elle, que Mme Andrews soupçonne la vérité. Maintenant, il me reste à chercher moyen de m'éloigner ; si je n'en trouve pas, je partirai et je laisserai un mot à la mère de James pour lui dire que son fils court un grand danger, et que je vais à son secours.

Ah, si je connaissais quelqu'un qui veuille aller là bas, où Andrews est prisonnier, le voir, et tenter de le faire évader ! Je ne peux faire cela, moi toute seule, on m'arrêtera en route ; on ne me laissera pas pénétrer jusqu'à lui. Si je demande à le voir dans sa prison, on soupçonnera peut-être le but de ma visite.......... Ah ! si Harris n'était pas si vieux........ mais, j'y pense, son fils voudrait peut-être....... Je vais le voir.

Dolly s'achemina vers la maison, s'assura que Mme Andrews ne savait rien, puis elle appela Harris. Quand le vieillard fut devant-elle, ce vieux serviteur, qui l'avait vue naître, qui l'avait fait sauter sur ses genoux et l'avait fait jouer quand elle était une toute petite fille, Dolly fut prise d'un remords :

— Ai-je bien le droit, se dit-elle, de demander à ce père de sacrificier la vie de son fils pour tenter de sauver celle d'Andrews, car ce garçon va affronter un grand péril, et son père n'osera me refuser ce que je vais lui demander. Enfin..........

— Harris, dit-elle, où est ton fils ?

— Il est à Nashville, Mademoiselle, voilà un an qu'il est parti, depuis la déclaration de la guerre.

— Ne pourrais-tu le faire revenir ?

— Oh, non, Mademoiselle ; à l'armée du général Mitchell, on ne donne pas de congés.

— Tu es bien sûr ?

— Oui, bien sûr, soupira le vieillard.

Et du revers de sa manche, il essuya une larme qui roulait sur sa joue ridée.

Dolly était consternée ; elle supposait qu'il serait facile d'obtenir un congé pour le jeune homme.

— Que faire ? murmura-t-elle.

Harris était toujours là, devant elle, attendant qu'elle le questionnât.

— Mademoiselle Dolly, voulez-vous me dire ce que vous désirez de mon fils : peut-être pourrai-je le remplacer ?

— Non, mon pauvre Harris, je te remercie, mais, vois-tu, tu n'es plus jeune..........

— Dites toujours, mademoiselle.

Dolly mit Harris au courant de la situation ; le pauvre homme était fort étonné d'apprendre que M. Andrews fut un espion, un des hommes chargés du service secret de Mitchell ; il ne comprenait pas qu'un gentleman dans la position de M. Andrews se mêlât de semblable besogne : un pauvre diable, passe encore, pour gagner quelques dollars ; mais M. Andrews qui était si riche !

— Comprends-tu, Harris ? Pour entreprendre ce voyage, il faut un jeune homme. Oh ! si je connaissais un des espions de Mitchell ?

— J'ai une idée, Mademoiselle ; ces espions, ces gens du service secret, comme vous les appelez, doivent être connus des soldats ; je vais aller à Nashville, je verrai mon fils qui m'en indiquera un, et je vous l'amènerai.

Dolly réfléchissait.

— Je crains que tu ne trouves pas, mon pauvre Harris ; ces gens-là ne doivent être connus que des officiers ; et puis, en admettant que tu trouves, cet homme voudra-t-il se charger de cette mission ? cependant je lui donnerai ce qu'il me demandera.

— Voulez-vous que j'essaie, Mademoiselle ? Qui ne demande rien n'a rien.

— Eh bien, oui, va, Harris ; va et surtout hâte-toi, songe que chaque heure, chaque minute de retard est une heure de souffrance, une minute d'agonie pour Andrews.

Dolly expliqua encore une fois à Harris ce qu'elle désirait ; elle lui remit une somme d'argent pour son voyage, et au besoin pour donner des arrhes à celui qui voudrait bien entreprendre la tâche périlleuse de pénétrer jusque dans la prison d'Andrews.

Sept jours se passèrent sans nouvelles d'Harris ;

sept jours pendant lesquels Dolly cherchait à rassurer Mme Andrews sur le sort de son fils, mettant son retard sur le compte des mouvements de troupes, des batailles, des évènements militaires ; sept jours pendant lesquels elle se demandait à chaque instant si l'heure qui venait de sonner n'était pas la dernière pour Andrews.... Où était-il ? Quelle torture lui infligeait-on ? Quel genre de supplice lui était réservé ? Elle ne savait rien ; les journaux ne parlaient pas des malheureux prisonniers.

Enfin, le 25 avril au matin, Harris rentra. Dolly qui guettait son retour courut au devant de lui.

— Eh bien ? demanda-t-elle.

— L'espion est-là.

— Oh! merci, mon bon Harris, fais-le entrer.

Dolly resta logtemps en concilliabule avec cet homme, un Kentuckien, lui aussi ; elle lui donna ses instructions ; elle lui remit tout l'argent qu'il lui demanda pour son voyage et pour organiser une évasion. Elle lui recommanda, s'il y avait quelque chose de plus à faire, de venir au besoin la chercher.

— Mademoiselle, dit l'espion en se retirant, je connais Andrews et je vous jure que tout ce qui est humainement possible de faire pour le sauver, je le ferai.

Hélas ! de longs jours devaient s'écouler avant que Dolly revit son messager.

## CHAPITRE XI

ESPOIR ET DÉCEPTION.

Depuis trois semaines, les prisonniers languissaient dans le « Trou », toujours chargés de chaines ; cependant Mitchell approchait de Chattanooga, un jour même les captifs entendirent le bruit du canon nordiste. Ce fut le signal de leur départ. Dans la journée, le vieux Swims ouvrit la trappe, descendit l'échelle et ordonna aux Voleurs de Locomotives de monter.

Réunis dans la grande salle, on passa l'examen de leurs fers, et accompagnés de soldats, on les conduisit à des voitures qui les attendaient à la porte et les menèrent au chemin de fer. Pour la deuxième fois ces malheureux parcoururent la route qu'ils avaient faite sur leur locomotive : ils passèrent à Big Shanty, à Marietta, qui avait été le point de départ de leur expédition, et arrivèrent à Atlanta. Comme il n'y avait pas de place dans la prison de la ville, on les laissa dans les wagons jusqu'au soir, à l'heure du départ du train pour Madison, une petite ville du même État.

La prison était alors complètement inoccupée; tous ses pensionnaires, mis en liberté, avaient été enrôlés dans les rangs de l'armée sudiste. La geôle se composait de deux chambres situées l'une au-dessus de l'autre : la pièce inférieure était au niveau du sol; un palais, à côté du « trou » de Chattanooga. Les prisonniers furent répartis dans ces deux chambres.

Les habitants de la ville étaient autorisés à venir visiter les captifs, ils se rangeaient à une des extrémités de la prison et engageaient la conversation avec eux.

Le premier jour, pendant cette visite, un homme portant le costume de l'armée confédérée réussit à s'approcher d'Andrews; il put lier conversation avec lui et causa même assez longuement. Dès que lui et tous les autres curieux se furent retirés, Andrews donna des explications à ses compagnons.

— Ce soldat sudiste qui m'a parlé est un espion au service des Etats-Unis ; il est envoyé vers moi par des amis pour me dire que, là-bas, on pense à nous ; nous avons esquissé un projet d'évasion : quand tout sera prêt, cet homme, dans lequel j'ai la plus entière confiance, viendra nous donner les dernières instructions.

Cette visite donna un peu de courage aux prisonniers et les aida à passer plus gaiement leur après-midi ; mais cette joie ne devait pas être de longue durée.

Lorsque le capitaine chargé de la garde vint leur apporter leur souper, il leur annonça qu'ils ne recevraient plus de visites.

— Et pourquoi donc, capitaine ? demanda Wilson.

— Parce que, répondit-il, le Provost-marshal a été informé qu'un espion des Etats-Unis était depuis deux jours à Madison, et qu'aujourd'hui même il était venu ici. Immédiatement on a envoyé un détachement pour le rechercher ; il entrait à la gare au moment où le train arrivait, et se disposait à le prendre quand on l'a arrêté. Il a protesté hautement contre l'accusation dont il était l'objet et a offert de montrer ses papiers ; les soldats l'ont lâché pour qu'il pût chercher dans ses poches ; à ce moment, le train se mettait lentement en marche. Toujours cherchant ses papiers, il regardait s'éloigner le convoi ; quand il le vit lancé à une certaine vitesse, il s'élança et sauta sur le marche-pied ; comme il n'y a pas de télégraphe ici, et qu'il ne part pas de train avant ce soir, on a abandonné toute idée de le poursuivre.

On juge du désappointement des prisonniers.

Cet espion qui avait si habilement échappé aux mains des soldats confédérés était l'homme envoyé par Miss Dolly ; il avait pu prévenir Andrews que l'on s'occupait de lui et même lui faire part d'un projet d'évasion ; mais la façon dont il venait d'être obligé de quitter la ville dérangeait tous ses plans ; il ne désespérait cependant pas de réussir. C'était un homme fort intelligent, très brave et d'une grande énergie.

Son voyage ne fut pas long ; il s'arrêta à Atlanta, et quatre jours après, sous un autre déguisement, il revenait à Madison ; il flânait dans les rues, cherchant un moyen ou une occasion de pénétrer dans la prison ou de faire parvenir un mot à Andrews, quand il apprit que, la veille, les prisonniers avaient été ramenés à Chattanooga. Sans en demander davantage, et malgré les risques qu'il pouvait courir dans cette ville, l'espion, qui s'était présenté à Miss Dolly sous le nom de Twigg, prit le premier train pour Chattanooga.

Les prisonniers n'étaient, en effet, restés que trois jours à Madison ; les inquiétudes inspirées par l'approche de Mitchell s'étant dissipées, on fit revenir les Voleurs de Locomotives à Chattanooga ; leur seule crainte, en rentrant dans la prison de Swims, était de redescendre dans le « trou », mais grâce à l'intervention du capitaine Law et du colonel Patrick Cleiburne, un Irlandais, on les laissa à l'étage supérieur. Grâce aussi à ces deux officiers, ils purent, quand le temps était beau, passer une heure dans le préau de la prison. La sévérité des gardes se relâchait peu à peu : pendant leur promenade quotidienne, ils s'entretenaient avec les soldats et quelquefois même avec des citoyens autorisés à les visiter.

Un jour, au nombre des personnes admises à voir les prisonniers, Andrews reconnut l'homme de Madison, l'espion Twigg ; celui-ci réussit à s'approcher de lui, et lui glissa à l'oreille :

— Tâchez de fuir, par la première nuit sombre, je vous attendrai au bord de la rivière avec un bateau.

Aussitôt rentré dans sa prison, Andrews communiqua le message à ses camarades. A partir de ce moment, il ne fut plus question que d'évasion et chacun proposa son plan ; un seul des volontaires s'opposait à toute tentative de fuite, Georges D. Wilson ; il était dans de bons termes avec le capitaine Law et avait appris que, touchées de la bonne conduite des prisonniers, les autorités étaient assez disposées à leur faire quitter leur cachot, à les traiter comme prisonniers de guerre, et peut-être à les comprendre dans un prochain échange. Ross se rangea à l'opinion de Wilson, mais la majorité se déclara pour l'évasion.

Deux projets étaient en présence.

Le premier, proposé par Pittenger, était le suivant :

Pendant leurs longues heures de captivité, ces hommes avaient réussi à fabriquer, au moyen d'un vieux couteau et de morceaux d'os, des clefs qui ouvraient les cadenas de leurs menottes et des colliers attachés aux chaînes. Il s'agissait donc tout simplement d'enlever les fers à l'heure où la garde apportait le souper, de sauter sur les hommes au moment où ils ouvraient la porte, de les désarmer et, munis de leurs fusils, de tomber sur le poste établi au bas de l'escalier ; surpris par la rapidité de l'attaque, ces hommes n'opposeraient qu'une faible résistance ; une fois hors de la prison, on gagnerait, en corps, le bord de la rivière où devait attendre le bateau.

Andrews n'approuva pas ce projet, par la même raison qui l'avait empêché de consentir à une attaque à main armée sur la voie ferrée, et voici ce qu'il proposa :

— Lorsque nous rentrerons de notre promenade, John Wollam entrera dans la chambre de Swims et se cachera sous le lit. Dès qu'il fera nuit et que le geôlier dormira, il s'emparera de la clef et nous ouvrira la porte ; alors seulement, nous nous emparerons des hommes de garde. Le reste pourra être fait comme l'a indiqué Pittenger.

Comme Andrews avait conservé une grande influence sur ses hommes, son plan fut adopté.

De nouveaux bruits d'échange étant parvenus aux oreilles des prisonniers, ceux-ci différèrent quelque temps la mise à exécution de leur projet ; mais comme ces nouvelles ne se confirmaient pas, il décidèrent de fuir, et le départ fut définitivement fixé au lendemain soir.

Ce jour là, on venait de descendre Wilson dans la cour ; il était malade et pouvait à peine marcher. Pendant qu'il était là, le capitaine Law vint le trouver et lui dit qu'il avait reçu l'ordre de désigner douze prisonniers pour les évacuer sur Knoxville, afin d'y subir un dernier interrogatoire destiné à établir, pour tous, la situation de prisonniers de guerre.

— Qui seront ces douze ? demanda Wilson.

— L'ordre porte douze hommes, sans indication de noms; si cela peut vous être agréable, je vous laisse libre de choisir vous mêmes les hommes; seulement, je vous conseille de désigner les plus intelligents, ceux qui seront le plus capables de se défendre, excepté Andrews.

Etait-ce une coïncidence, ou un plan préparé d'avance, pour forcer Wilson à choisir les hommes les plus intelligents de la bande pour les juger et les condamner à mort ? on ne l'a jamais su; mais le choix de Wilson eut une grande influence sur les événements qui survinrent par la suite. Selon l'opinion de M. Pittenger, les noms avaient été laissés en blanc avec intention, et on avait engagé Wilson à désigner lui-même les hommes afin qu'il laissât de côté les neuf que l'on pourrait gracier quand on aurait exécuté les douze autres.

Le pauvre Wilson fut complètement trompé. Il pensait que ceux que l'on transférait à Knoxville seraient échangés les premiers. Dans cette croyance, il se désigna, lui d'abord, puis :

Pittenger, Campbell et ses amis particuliers.

Adieu donc le projet d'évasion.

La séparation de ces douze hommes d'avec leurs compagnons fut pleine d'angoisses, surtout quand ils dirent adieu à Andrews. Ils savaient qu'il était le premier marqué pour l'échafaud, et lui n'ignorait pas le destin qui l'attendait; mais il supportait son sort avec un courage héroïque et continuait à espérer la délivrance, d'autant plus qu'il n'était pas encore jugé.

Quand les hommes vinrent dire adieu à celui qui les avait si bravement conduits, il s'avança vers eux, leur tendit ses mains chargées de chaînes et, les larmes aux yeux, il leur dit de sa voix douce, mais que l'émotion faisait trembler :

— Garçons, si je ne vous revois plus ici, tâchez de me rejoindre de l'autre côté du Jourdain!

Ils entendaient sa voix pour la dernière fois; pour la dernière fois ils contemplaient sa belle et noble figure !

## CHAPITRE XII

### LE PREMIER MARTYR

Avant de suivre les douze voyageurs dans leur nouvelle prison, nous allons raconter l'histoire des neuf soldats et de leur chef qui restaient à Chattanooga.

Andrews et ses camarades se perdaient en conjectures sur la raison qui avait déterminé les autorités confédérées à séparer ainsi ces compagnons d'infortune ; tantôt, ils supposaient que c'était pour éviter une tentative d'évasion que leur nombre rendait plus facile ; tantôt, ils ne voyaient dans cette mesure qu'un heureux présage, annonçant leur prochaine délivrance ; seul, Andrews ne s'illusionnait pas sur les intentions des confédérés : il se savait d'avance condamné à la mort et il pensait qu'un certain nombre de ceux qui étaient restés avec lui devaient partager son sort; l'œuvre de vengeance allait commencer, et l'ennemi, pour l'accomplir, voulait diviser les forces de ses victimes.

Une semaine s'écoula de la sorte sans que rien fut modifié dans l'existence des prisonniers; les projets d'évasion étaient de nouveau agités, mais il parut nécessaire de modifier le plan précédemment arrêté, en raison même de la diminution du nombre des acteurs.

Andrews en hâtait l'exécution, car, bien qu'il fut convaincu que Twigg ne se lasserait pas de l'attendre près de la rivière, il craignait que le départ des douze hommes n'eut changé ses projets; il était donc urgent d'agir au plus tôt; et puis, Andrews redoutait chaque jour d'être appelé devant la cour martiale; l'issue du jugement ne faisait aucun doute pour lui et il n'ignorait pas que la sentence serait exécutée dans les vingt-quatre heures.

Il s'agissait maintenant de creuser dans le mur

de la prison un trou suffisamment large pour livrer passage à un homme. La muraille était en briques, avec un revêtement intérieur en bois ; pour accomplir cette besogne, les prisonniers n'avaient qu'un mauvais couteau, et fort peu de temps chaque jour à consacrer à ce travail ; cependant l'opération avançait ; une journée encore et ils pourraient partir.

Ce jour-là, le capitaine Law vint dans la cour de la prison à l'heure de la promenade, et s'approchant d'Andrews, il lui tendit un papier plié. Andrews le lut : et sans prononcer une parole, sans que ses traits décelassent la moindre émotion, il remonta dans le cachot. Les hommes le suivirent.

— C'est ma condamnation à mort ! dit simplement Andrews dès que les portes de la prison se furent refermées sur ses camarades.

Le chagrin, la douleur de ces hommes ne sauraient se dépeindre. Les qualités du chef, sa bravoure, la sympathie qu'il témoignait à tous les volontaires qui l'avaient accompagné dans l'expédition, avaient profondément impressionné ses gardiens, à plus forte raison ses camarades.

Mais il restait encore une lueur d'espérance : l'évasion. A l'heure présente, ils auraient tout fait pour sauver leur chef, d'autant plus qu'ils étaient convaincus qu'un sort semblable leur était réservé à tous et que la seule chance de salut qui leur restât était dans la fuite. Ils reprirent donc leur travail avec l'ardeur et l'énergie du désespoir.

Un nouvel obstacle s'éleva tout à coup : la sentence disait que le chef serait exécuté dans un délai de huit jours, et cette semaine d'agonie, il devait la passer dans le « Trou ». Il y fut descendu aussitôt.

Cette complication n'arrêta pas les soldats; dès que le souper leur fut servi et qu'ils eurent la certitude qu'ils ne seraient plus dérangés, ils attaquèrent avec le vieux couteau les barres de bois qui fermaient la trappe, tandis que d'autres déchiraient leur couvertures et même leur propres habits pour faire des cordes.

Quelle nuit passa Andrews dans le fond de ce cachot infect, entendant au-dessus de sa tête le grincement du couteau travaillant pour sa liberté !

— Braves gens ! se disait-il, comme ils taillent là-haut ; que de peine ils se donnent pour me sauver, moi qu'ils connaissent à peine. Et dire que tout cela sera peut-être en pure perte ! S'il est écrit que mon heure est venue, ils auront beau faire, mon sort s'accomplira. « Prends garde, Andrews, me disait ma mère, ne tente pas Dieu, tu as eu trop de chance jusqu'ici ». Oui, trop de chance et trop de bonheur ; aussi j'ai tenté Dieu et Dieu m'a abandonné. Oh ! ma mère, que ne vous ai-je écoutée ? Dolly, que ne suis je resté près de vous. Pauvre, pauvre Dolly, qui m'engagiez presque à partir, pour ne pas m'enlever mon courage. Pauvre Dolly, qui trouviez dans votre patriotisme, dans votre dévouement à notre cause, la force de lutter contre votre cœur et de ne pas m'ordonner de rester.

Et ma mère, qui lui portera la nouvelle ? Qui lui dira que son fils James était un espion, qu'il a été pris et pendu ! Pendu.... Ah, si au moins la locomotive qui me portait avait éclaté et lancé dans l'air mon corps en morceaux... Mais pendu, comme un criminel, comme un voleur !... Enfin, c'était écrit ! »

Cependant, la besogne était terminée, les hommes soulevèrent la lourde trappe, et jetant une corde à Andrews, le hissèrent dans la chambre. Il fut décidé qu'il partirait le premier, sa situation étant la plus grave de toutes ; Wollam devait passer ensuite. Le moment était mal choisi : déjà l'aube blanchissait l'horizon et les premières clartés du jour éclairaient la cour de la prison ; mais les fugitifs aimaient mieux tenter l'aventure que de risquer de voir leur travail découvert à l'arrivée du geôlier. Afin d'éviter le bruit en sautant à terre et en traversant la cour, les hommes se déchaussèrent. Le moment était décisif : par le trou qu'ils avaient creusé dans le mur, les prisonniers voyaient la sentinelle ; ils entendaient son pas cadencé frappant le sol à quelques mètres d'eux.

Andrews passa le premier, mais en sautant à terre, il entraîna une brique qui tomba ; le bruit de cette chûte attira l'attention du factionnaire qui donna l'alarme, fit feu, et appela : « A la garde ! A la garde ! » Aussitôt le poste sortit et des coups de feu retentirent dans toutes les directions. Néanmoins, Andrews traversa la cour, et avant qu'on ait pu l'arrêter, franchit le mur extérieur ; John Wollam, qui venait après lui, en fit autant ; pendant qu'il escaladait le mur, on lui tira plus de dix coups de fusils, mais sans l'atteindre. Dorsey venait ensuite ; avant qu'il ait pu traverser la cour, il fut saisi et ramené dans la prison.

La ville fut bientôt sur pied ; des officiers de tout grade arrivèrent au cachot et constatèrent avec étonnement que les fers de tous les prisonniers restants n'étaient même pas ouverts. Ils en conclurent naturellement que, seuls, ceux qui étaient partis avaient pu se débarrasser de leurs entraves, et que les autres étaient restés parce qu'il n'avaient pu les retirer. Néanmoins, tous furent descendus dans le « Trou », la promenade quotidienne supprimée et la surveillance la plus grande reprise à l'égard des prisonniers.

Il ne restait donc plus qu'une espérance à ces

malheureux, c'est que leurs camarades évadés parvinssent à s'échapper.

Lorsqu'Andrews eut franchi le mur extérieur, il s'élança dans la direction de la rivière ; il jeta un rapide coup d'œil sur ses bords et n'aperçut point le bateau dans lequel Twigg devait l'attendre ; ce fait ne l'étonna pas outre mesure ; il faisait presque jour et cet homme devait craindre d'être vu trop souvent sur la rive. Andrews résolut donc d'attendre la nuit ; il ne trouva rien de mieux à faire, pour se cacher, que de grimper dans un arbre épais et touffu. Il resta toute la journée dans cette position et vit bien des fois passer à ses pieds les gens qui le cherchaient.

Quand la nuit fut complètement venue, Andrews descendit de sa cachette, et longeant les bords de la rivière, se mit à la recherche de Twigg. Il ne le trouva pas ; alors, il se décida à passer sur l'autre bord à la nage ; malheureusement la rivière charriait du bois et il eut toutes les peines du monde à traverser, et encore y laissa-t-il presque tous ses habits ; comme il était nu pieds — on se rappelle qu'il avait laissé ses chaussures à la prison — il se trouvait dans les plus mauvaises conditions possibles pour fuir. Néanmoins, il marcha toute la nuit. Le matin, il traversait un champ découvert lorsqu'il fut aperçu et signalé aux chercheurs ; pour leur échapper, il gagna les bois et rejoignit la rivière, par un long détour ; puis se jetant à la nage, il se dirigea vers un ilot boisé.

Dans cette lutte suprême pour la liberté et la vie, Andrews semble avoir obéi à une idée fixe, qui, a certains moments, a dû paralyser ses moyens : ne pas quitter la rivière et chercher un refuge dans les arbres. Cette fois-ci, cependant, c'est dans un épais fourré qu'il se cacha. Les hommes lancés à sa poursuite firent venir des chiens et les découplèrent dans l'île ; il eurent bientôt éventé la trace du fugitif ; alors commença entre l'homme et les chiens une lutte d'adresse et d'habileté : poursuivi par la meute qui tenait ferme, Andrews essayait d'embrouiller sa voie, allant, revenant sur lui-même, multipliant et croisant ses pistes ; quelquefois, il suivait le bord de l'îlot et pendant un certain espace courait dans l'eau, pour donner le change; enfin n'en pouvant plus, haletant, hors haleine, il se réfugia dans un arbre, et bientôt les chasseurs quittèrent l'île désespérant de le trouver. Deux enfants seuls restèrent dans l'îlot; en jouant, l'un deux regardant en l'air dit qu'il apercevait quelque chose dans l'arbre; l'autre vint à son tour, et après un court examen, s'écria :

— Mais c'est un homme !

Ils appelèrent les chasseurs qui revinrent aussitôt, et Andrews, se voyant découvert descendit au bas de l'île et saisissant un tronc, avec une branche feuillue en guise d'aviron, s'élança dans le courant, cherchant à gagner la rive opposée; mais une autre escouade de chasseurs, montés dans un canot, en aval de l'îlot, lui coupèrent la retraite; il était cerné.

Andrews, las de lutter contre son sort, se rendit.

Cependant, Twigg, fidèle à sa promesse, n'avait pas manqué une seule nuit de venir à la rivière, il se rendait à son poste aussitôt que le jour commençait à diminuer, il ne le quittait qu'à l'aube. Il ne cessa de venir que lorsqu'il apprit le départ d'un certain nombre de prisonniers.

Le jour où les douze compagnons avaient été dirigés sur Knoxville, Twigg fut avisé de leur départ; dans la foule, il avait entendu dire que ces douze-là étaient les principaux, les chefs. Il se hasarda à demander quelques explications à un homme du peuple qui prétendait les avoir vus. Celui-ci lui donna tous les détails et affirma que celui qui marchait en tête était un homme d'une taille énorme.

— Il a plus de six pieds, affirmait le témoin.

Twigg n'en demanda pas davantage; pour lui, l'homme énorme qui avait plus de six pieds ne pouvait être qu'Andrews; du reste, n'avait-on pas dit que c'était les chefs, les principaux qui partaient?

Une heure après, Twigg prenait le train pour Knoxville.

Cependant, trois jours s'étaient écoulés depuis l'évasion d'Andrews et de John Wollan et les prisonniers étaient convaincus qu'ils avaient enfin déjoué les recherches et réussi à passer les lignes fédérales. Ils avaient bien, ce matin même, entendu faire allusion à la capture d'Andrews, mais ils n'en voulaient rien croire. Il fallut cependant se rendre à l'évidence : dans la journée, une forte escorte de soldats amena un prisonnier, c'était Andrews.

Quelle déception ! Quel accès de désespoir et de fureur contenus s'empara de ces hommes quand ils virent leur malheureux chef rejeté dans l'affreux « Trou » !

Dans quelle situation ils le retrouvaient ! Sa vue arrachait des larmes aux soldats Sudistes eux-mêmes. Son frère ne l'eut pas reconnu. Était-il possible qu'en trois jours un homme fut changé de la sorte ?

Étendu sur le sol, nu, sanglant, brisé, privé de sentiment, il avait bien plus l'air d'un cadavre que d'un être vivant. Il n'avait rien mangé depuis trois jours, et depuis trois jours il avait lutté en désespéré pour sa liberté et sa vie. Ses pieds étaient déchirés par les pierres tranchantes des chemins, les ronces et les broussailles épineuses ; chacun de ses pas était marqué par une empreinte sanglante. Son dos et ses épaules nues, brulées par le soleil, étaient à vif, et il était tellement brisé et exténué qu'il pouvait à peine faire un mouvement. Son visage était pâle, amaigri, émacié ; ses yeux enfoncés, hagards, brillaient d'un éclat fièvreux, et par instant jetaient comme une lueur sauvage.

Quand Andrews fut replacé dans le « Trou », ses compagnons l'entourèrent, ils se pressaient autour du malheureux. Ces témoignages d'affection et de sympathie semblèrent le rappeler à la vie ; au bout de quelque temps, il put parler.

— Mes amis, dit-il de sa voix douce et basse, qui tremblait un peu, mes amis, j'ai bien souffert ; il me reste maintenant peu de temps à vivre. J'ai fait tout ce qui était en mon pouvoir pour me sauver, et pour vous sauver avec moi ; je n'ai pas réussi. Je renonce à la lutte, et je m'abandonne à mon triste sort. Du reste, je ne pourrais plus.... je suis à bout. Hélas ! je n'ai qu'un regret, c'est que ma mort ne puisse au moins assurer votre salut !

Andrews était tellement épuisé qu'il fut obligé de se reposer un peu, puis il reprit :

— Avant de vous quitter, je veux vous donner un conseil, mes amis : ne comptez pas sur un échange et n'espérez rien de la pitié de ceux qui vous tiennent en leur pouvoir. Mon sort vous indique quel sera le vôtre, préparez-vous donc à mourir. Et quand l'heure sonnera, reprit-il avec une énergie croissante, montrons que nous savons regarder la mort en face, même la mort ignominieuse qu'on nous prépare. Déployons autant de courage à mourir pour la patrie que nous avons dépensé de bravoure à la servir !

Cependant on dressait l'échafaud sur la place de Chattanooga ; on élevait la potence sur laquelle Andrews devait expier son excès d'audace et son insuccès ; les gardes allaient se mettre en marche et venir le chercher dans sa prison, lorsque le bruit se répandit que le général Mitchell s'avançait sur Chattanooga. Craignait-on, si les fédéraux prenaient la ville, qu'ils ne fissent expier aux confédérés le meurtre légal d'Andrews, ou craignait-on que les citoyens, dont la sympathie pour les prisonniers avait remplacé la haine des premiers jours, ne s'opposassent à l'exécution ? Toujours est-il qu'elle fut contremandée et qu'Andrews et ses compagnons, extraits de leur prison, furent immédiatement dirigés sur Atlanta. La foule, qui se pressait autour des wagons à chaque station ne laissait aucun doute à ces malheureux sur le sort qui les attendait à leur arrivée.

En descendant du chemin de fer, un piquet de soldats entoura les prisonniers et les conduisit à la geôle ; on les enferma dans une chambre du second étage. Peu d'instants après, un officier entrait dans la prison, et s'adressant à Andrews :

— Allons, M. Andrews, venez.

Andrews se leva, et de sa voix basse que couvrait presque le bruit de ses chaînes :

— Adieu, garçons !

Andrews marcha d'un pas ferme vers l'échafaud ; son attitude calme, digne, brave sans forfanterie, imposa silence à la foule ignoble qui se pressait sur ses pas, l'insulte à la bouche. Il avait redressé sa haute taille, sa belle tête avait repris son expression ancienne, et son regard tranquille n'exprimait plus ni regret ni amertume ; il avait pardonné à ses bourreaux.

L'agonie du martyre fut prolongée par la maladresse du bourreau : Andrews était très grand, et quand son corps fut lancé dans le vide, ses pieds vinrent toucher terre ; il fallut creuser le sol.

Pendant que le bourreau enlevait la terre sous les pieds du martyr, toujours suspendu à la corde, il entendit plusieurs fois Andrews murmurer : Ma mère ! Dolly ! mes amis !

Pourquoi donc la potence est-elle considérée comme infamante, quand un héros, un martyr de la patrie la réhabilite par sa mort ? La croix était aussi un instrument de honte, et pourtant la mort d'un seul homme l'a sanctifiée pour toujours !...

Nul ne marqua l'endroit où repose le corps d'Andrews à Atlanta. Jamais une fleur ne fut déposée sur sa tombe par une main amie ; mais que de pleurs coulèrent quand la nouvelle de son exécution fut connue aux États-Unis, quand on sut de quelles amertumes furent abreuvés les derniers moments de cet homme, qui avait conçu et tenté d'exécuter l'entreprise la plus périlleuse de la guerre de Sécession.

Quelques heures après la mort d'Andrews, un homme arrivait au chemin de fer et parcourait la ville, encombrée d'une foule énorme; il s'enquit de la cause de ce rassemblement inusité dans les rues.

— On vient de pendre Andrews, le chef des Voleurs de Locomotives, répondit un homme du peuple, et j'espère qu'on pendra bientôt aussi ses compagnons! Qu'en dites-vous, camarade?

— Je dis que vous avez raison, répondit Twigg.

Car c'était lui.

Quand il arriva à Knoxville, Twigg resta plusieurs jours avant de pouvoir se procurer des renseignements sur les douze prisonniers qui y avaient été transférés; il désespérait même de jamais en avoir, lorsqu'il apprit par les journaux l'évasion d'Andrews à Chattanooga. Il n'avait donc pas quitté sa prison? Il s'était évadé et lui,

Twigg, ne s'était pas trouvé là, comme il l'avait promis pour protéger sa fuite !

Deux jours après, il apprenait qu'Andrews était arrêté ; il courut à Chattanooga. Comme il arrivait dans cette ville, le train qui emportait Andrews et ses neuf compagnons quittait la station ; il lui fallut attendre deux heures avant de trouver un convoi allant à Atlanta, et quand il y arriva, le sacrifice était consommé.

Quel mauvais sort poursuivait donc cette expédition et tous ceux qui en firent partie ou ceux qui s'y intéressèrent ?

Huit jours après, Mme Andrews et Dolly apprenaient, de la bouche même de Twigg, le malheur qui privait l'une de son fils, l'autre de son fiancé.

# CHAPITRE XIII

## LA COUR MARTIALE

Rejoignons maintenant les douze volontaires envoyés à Knoxville pour y passer en jugement.

Conduits au chemin de fer, ils eurent la bonne fortune d'être escortés, pendant leur voyage, par un détachement des volontaires de Morgan, cette troupe de guerillas qui se rendit fameuse par ses expéditions hardies qui ne furent dépassées que par les tentatives d'Andrews. Ils n'eurent qu'à se louer de la façon dont ils furent traités par ces braves gens, des connaisseurs en fait de hardis coups de main, qui ne cachaient pas leur admiration pour les Voleurs de Locomotives.

En arrivant dans la prison de Knoxville, les volontaires furent placés dans deux cages de fer : l'une, de sept pieds carrés, reçut quatre hommes; l'autre, de dix pieds sur douze, en reçut huit.

Peu de jours après leur arrivée, les prisonniers reçurent la visite d'un officier supérieur, le juge-avocat (1), qui les avertit qu'ils eussent à se préparer à passer devant la cour martiale; cette nouvelle n'avait rien qui dut les étonner, puisque c'est sous ce prétexte qu'on les avait fait venir à Knoxville. Ils chargèrent MM. Baxter et Templer de leur défense, qui consistait uniquement à déclarer qu'ils étaient soldats de l'Union, qu'on les avait commandés pour une mission militaire et qu'ils l'avaient accomplie comme militaires; en conséquence, ils demandaient à être traités comme prisonniers de guerre.

Le 2 Juin commencèrent les débats; mais, contrairement à leur demande, chaque homme fut jugé isolément. Rien de plus simple, du reste, que cette cour martiale :

(1) Emploi semblable à celui du ministère public dans nos conseils de guerre.

Dans une grande salle, assis autour d'une table, surchargée de journaux, de revues et même de bouteilles, un colonel et quatre officiers ; à gauche le juge-avocat, à droite, le défenseur, en face, l'accusé ; chaque session ne durait pas plus d'une heure. L'accusé était amené devant le tribunal, un greffier donnait lecture de l'acte d'accusation qui était le même pour tous, quelques témoins étaient cités et entendus pour la forme, et le prévenu ramené dans sa prison ; il n'assistait ni au réquisitoire du juge-avocat, ni au plaidoyer prononcé par son défenseur.

L'acte d'accusation était le même pour tous, nous l'avons dit ; mais aucune de ces *charges* ne faisait mention de l'enlèvement de la locomotive ni de la tentative d'incendie des ponts ; ils affectaient de traiter les volontaires comme des espions, venus sur le territoire de la Confédération habillés en citoyens, dans le but de pénétrer dans les camps pour se renseigner sur les forces des Confédérés.

Pendant sept jours, la cour martiale tint ses séances, jugeant un homme par jour, mais sans l'informer du résultat des débats et sans lui faire connaître la sentence rendue contre lui.

Le lendemain, c'est-à-dire le huitième jour, une escorte nombreuse pénétra dans la prison; les soldats étaient porteurs de cordes neuves et solides; au premier moment, les prisonniers crurent qu'on venait les chercher pour les conduire au supplice; mais ils apprirent bientôt qu'il s'agissait simplement de les changer encore une fois de prison. Les autorités de Knoxville venaient d'apprendre que Mittchell s'avançait sur Chattanooga, et que le général fédéral Morgan marchait sur Knoxville.

Les prisonniers, solidement attachés avec des cordes, furent conduits en chemin de fer et dirigés sur Atlanta. A leur arrivée, ils furent entourés par la foule qui les accompagna; des hommes criaient : « Nous avons pendu Andrews, c'est votre tour, maintenant, et nous allons vous pendre! »

La prison se composait d'un assez grand bâtiment; au rez-de chaussée, le logement du geôlier; au premier quatre chambres, deux à droite et deux à gauche, ouvrant sur une antichambre, en haut de l'escalier. Une de ces pièces fut occupée par les nouveaux arrivants; des Tennessiens, amenés avec eux, prirent la chambre en face; la pièce voisine servait de prison aux neuf compagnons d'Andrews, qui l'occupaient depuis son exécution. Les volontaires se trouvaient encore une fois réunis, à l'exception de John Wollam qui, on se le rappelle, s'était évadé en même temps qu'Andrews, et dont on n'avait pas eu de nouvelles depuis.

Aussitôt installés, les prisonniers reprirent leur vie accoutumée, chantant, lisant les journaux que maintenant on leur permettait d'acheter, racontant des histoires; sept seulement sur douze avaient passé en jugement, on ne leur avait pas signifié de sentence; ils pouvaient donc tous se considérer comme condamnés à une longue prison peut-être, mais, en tout cas, ils pouvaient espérer avoir la vie sauve.

Un jour, le 18 juin 1862, ils jouaient et causaient comme de coutume, débarrassés de leurs fers — on leur avait fait la grâce de ne plus les enchaîner — quand, par les fenêtres, ils virent un escadron de cavalerie se former en bataille devant la porte de la prison; presqu'au même instant un bruit de sabres retentit dans l'escalier, et le geôlier ouvrit la porte. Debout sur le seuil, un officier appela les sept hommes qui avaient été jugés à Knoxville et les fit sortir un à un. Samuel Robinson, qui avait un accès de fièvre très violent, ne put se lever; deux soldats l'emportèrent. En même temps, on faisait passer dans cette prison les Tennessiens de la chambre voisine, et les sept volontaires que l'on venait d'appeler entrèrent avec les officiers dans la pièce que les Tennessiens venaient de quitter.

Les cinq hommes restés dans leur prison se demandaient avec anxiété ce que pouvait signifier cette mesure inusitée, justement à l'égard de ceux qui avaient passé devant la cour martiale.

— C'est pour leur annoncer qu'ils sont acquittés, dit un des volontaires.

— Ou pour les prévenir, peut-être, qu'ils vont être échangés.

— Ecoutez, dit un autre, on entend un bruit de voix, comme si quelqu'un lisait.

Leur hésitation ne fut pas de longue durée; quelques instants après leur départ, les sept hommes rentraient, garottés et solidement liés; Georges D. Wilson marchait le premier, pâle comme un mort, mais la tête haute et le pas ferme.

— Mes amis, dit-il en entrant, nous sommes condamnés à mort, et l'on va nous exécuter immédiatement!

Voici ce qui s'était passé dans la chambre voisine :

Dès que les sept hommes furent entrés, un officier les fit ranger sur un rang, dans l'ordre où ils avaient été appelés; le colonel de cavalerie qui semblait présider la cérémonie leur dit, sans autres commentaires :

— On va vous lire le jugement rendu contre vous par la cour martiale de Knoxville.

Alors, l'officier qui avait fait l'appel à la porte de la prison lut ce qui suit :

QUARTIER-GÉNÉRAL DU TENNESSEE ORIENTAL.

KNOXVILLE, *le 14 juin 1862.*

*Ordre général,* n° 54, VII.

« A la cour martiale tenue à Knoxville en vertu
» de l'ordre général n°ˢ 21 et 34, présidée par le
» lieutenant-colonel J. B. Bibb, du 23ᵉ régiment
» des Volontaires de l'Alabama, a été jugé le
» nommé Georges D. Wilson, soldat à la compa-
» gnie B, 2ᵉ régiment de l'Ohio, sur les charges
» et chefs d'accusation suivants, à savoir :

« *Charges.* — Violation de la section 2ᵐᵉ de
» l'article 101 des règles et lois de la guerre.

« *1ᵉʳ chef d'accusation.* — En ce que le dit
» Georges D. Wilson, soldat à la compagnie B,
» 2ᵉ régiment d'Ohio, n'ayant pas prêté serment
» aux Etats confédérés d'Amérique, et étant au
» service des Etats-Unis, alors et maintenant en
» guerre avec les Etats confédérés d'Amérique,
» a, le 7ᵐᵉ jour d'avril 1862, quitté l'armée des
» Etats-Unis, alors près de Shelbyville,
» (Tennessee), et, en compagnie de vingt autres

» soldats des Etats-Unis, tous habillés en civils,
» gagné Chattanooga dans le Tennessee, péné-
» trant ainsi secrètement dans les lignes des
» forces confédérées, occupant cette place ; et
» qu'il a fait cela le 11 avril 1862 ; qu'il s'est dissi-
» mulé, comme un espion, dans les cantonnne-
» ments des dites troupes, se donnant pour un
» citoyen du Kentucky allant rejoindre l'armée
» du Sud.

« 2º *chef d'accusation*. — Et que le dit Georges
» Wilson, soldat à la compagnie B du 2ᵉ régi-
» ment d'Ohio U. S. A. ainsi habillé en civil, se
» donnant comme citoyen du Kentucky, allant
» rejoindre l'armée du Sud, a pris le chemin de
» fer pour gagner Marietta, (Georgie). — Qu'il a
» ainsi pénétré secrètement dans les lignes des
» forces confédérées, stationnées à Chattanooga,
» Dalton et le camp de Mᶜ Donald ; et qu'il a fait
» cela le 11ᵐᵉ jour de avril 1862, se dissimulant
» comme un espion dans les places ci-dessus
» désignées.

« A ces charges et *chefs d'accusation*, le pri-
» sonnier a plaidé : « non coupable ».

« La cour, après mûre délibération, a déclaré
» l'accusé comme suit :

« Sur le premier *chef d'accusation* : « coupable ».

« Sur le 2ᵉ *chef d'accusation* : « coupable », et
« coupable de l'accusation », En conséquence,
» la cour a condamné l'accusé le dit Georges D.
» Wilson, soldat à la compagnie B, du 2ᵉ régi-
» ment de l'Ohio (les deux tiers des membres
» concluant ainsi) aussitôt que le présent ordre
» sera rendu public, à être pendu par le cou,
» jusqu'à ce que mort s'en suive. »

« Les formalités et jugement, dans le présent
» cas, sont approuvés.

« La sentence de la cour subira son effet
» entre le 15 et 22 juin, présent mois, à telles
» époque et place qui pourront être désignées par
» l'officier commandant à Atlanta (Georgie), le-
» quel est chargé de veiller aux préparatifs de
» l'exécution ci-dessus.

Par ordre du :

Major-Général E. Kirby Smith.

J. F. Breton, A. A. A. G.

A l'officier commandant le poste d'Atlanta, Gᵃ.

Lecture d'un acte semblable fut faite à chacun des sept hommes ; ensuite on les lia, et ils purent, avant de marcher au supplice aller dire un dernier adieu à leurs camarades.

Pas un jour, pas une heure de répit ; on allait les pendre séance tenante. On les arrachait à leur espoir, à leur sécurité trompeuse pour les faire mourir, à l'instant, comme des traitres ! Aucune règle de la guerre, aucune nécessité surtout, n'obligeait à hâter de la sorte le dénouement ; n'avait-on pas accordé huit jours à Andrews, le plus coupable d'entre tous ?

Alors commença la scène déchirante des adieux, adieux éternels de ces hommes qui avaient vécu, combattu, lutté et souffert ensemble, qui s'aimaient comme des frères, et dont sept partaient pour le grand voyage.

Ces sept hommes étaient des braves : sur les champs de bataille, ils n'avaient jamais tremblé en face du danger ; ils étaient prêts à donner leur vie pour la patrie, mais mourir sur un échafaud, mourir de la mort honteuse d'un assassin, ah ! c'était trop leur demander.

Les adieux de ces hommes furent navrants :

—Pittenger, dit Wilson en s'approchant, tâchez d'être mieux préparé que moi, quand votre tour viendra de mourir.

Puis, plaçant ses deux mains sur la tête de son ami, il murmura :

— Dieu vous bénisse !

Craignant de succomber à l'émotion, il s'éloigna aussi rapidement que les liens qui entravaient ses jambes le lui permirent.

Shadrack, se tournant vers ces camarades, leur dit d'une voix ferme, plus émouvante qu'un râle d'agonie :

— Adieu, garçons, je crains bien de n'être pas prêt à paraître là-haut !

Samuel Sevens ne put qu'articuler ces mots : Ma femme..... mes enfants..... dites leur.....

John Scott n'était marié que depuis trois jours quand il partit pour l'armée ; dans ce moment suprême, la pensée de sa femme en pleurs lui ôtait toute sa force, il ne pouvait que joindre les mains et adresser à ses camarades des regards désespérés.

Campbell souriait convulsivement en pressant les mains de ses amis et ne pouvait répondre aux encouragements que lui prodiguaient ses camarades :

— Oui, garçons, mais c'est bien dur !

Marion Ross gardait la contenance la plus ferme : il avait été plus sombre et plus abattu que les autres au début, et n'avait jamais partagé les espérances de ses camarades. Maintenant, son œil brillait d'un éclat inaccoutumé, et c'est d'une voix ferme et ne décelant pas la moindre émotion qu'il s'écria :

— Dites leur, là-bas, si jamais vous y retournez, dites-leur que je suis mort pour ma patrie, sans peur comme sans regret !

Quant au pauvre Robinson, il était trop malade pour marcher ; on l'emporta.

Lorsque tous les condamnés arrivèrent sur le lieu du supplice, on leur fit gravir les marches de l'échafaud ; alors Wilson demanda la permission d'adresser quelques mots ; cette faveur lui fut accordée.

Calme, malgré l'heure solennelle qui allait sonner pour lui, Wilson parla d'une voix forte et assurée, et toute cette foule qui insultait les condamnés quelques instants auparavant, écoutait, silencieuse, les prophéties de cet homme qui allait mourir.

— Vous vous trompez, citoyens, si vous croyez qu'il y a dans notre cœur la moindre haine contre vous ; ce n'est pas vous qui nous avez condamnés, ce sont vos chefs, ces mêmes chefs qui ont levé l'étendard de la révolte et qui vous ont entraînés à leur suite. Ils nous ont condamnés comme espions, et ils savent que ce n'est pas vrai ; ils savent que nous sommes des soldats, obéissant aux ordres que l'on nous a donnés.

Nous ne regrettons pas de mourir, citoyens, car nous mourons pour la patrie ! Ce n'est pas la mort qui nous effraie, c'est l'infamie du supplice.

Maintenant, écoutez les paroles d'un homme qui va paraître devant Dieu : vous vivrez tous pour verser des larmes amères sur vos erreurs ; la rébellion dont vous faites partie sera vaincue, et vous verrez le drapeau de l'Union flotter triomphant à cette place même où se dresse aujourd'hui la potence !

A peine avait-il prononcé ces dernières paroles que toutes les trappes basculèrent, et les sept hommes furent lancés dans l'éternité . . . .

. . . . . . . . . . . . . . . .

Détail horrible : cinq seulement des suppliciés se balançaient au bout des cordes : Campbell et Sevens, qui étaient très lourds, avaient brisé les leurs sous le poids de leurs corps et ils gisaient à terre, sans mouvement. Quand ils reprirent leurs sens, les deux suppliciés demandèrent une heure pour prier et se préparer à mourir.

Cette dernière consolation, que l'on n'eut peut-être pas refusée au criminel le plus endurci, ne leur fut pas accordée. Dès qu'on put se procurer de nouvelles cordes, on fit remonter les deux malheureux sur la plate-forme et on les exécuta...

Une heure après, les survivants entendaient rentrer le fourgon qui avait emporté leurs camarades — il était vide !

Le soir, le Provost-Marshal vint visiter les

prisonniers ; il refusa de leur donner aucun détail sur la mort de leurs compagnons, il leur dit seulement :

— Vos amis ont subi leur sort ; ils sont morts comme des braves !

## CHAPITRE XIV

#### HEURES DE CAPTIVITÉ

Les jours qui suivirent l'exécution furent pour les survivants des jours de tristesse et de crainte. Ils ignoraient quand viendrait leur tour, car ils ne doutaient pas un seul instant qu'ils ne dussent, tôt ou tard, partager le sort de leurs compagnons. On ne les avait pas jugés, mais ils ne pouvaient oublier qu'ils avaient offert au juge-avocat de Knoxville d'accepter le jugement rendu contre leurs amis, puisqu'il n'y avait pas de différence dans leur situation.

Si, maintenant, on allait se servir de cette offre contre eux? A cette époque, ils croyaient à un acquittement, mais à présent........ Tout espoir s'était évanoui dans le cœur de ces malheureux ; ils ne discutaient plus leurs chances d'affranchissement, mais la date probable de leur mort.

Même sans ce surcroît d'appréhensions, le départ de leurs amis qui les avaient quittés pour marcher à la mort et dont la voix tintait encore à leurs oreilles, n'était-il pas suffisant pour rendre leur captivité plus dure et plus misérable ?

Les jours s'écoulaient lentement, dans cette grande pièce où, maintenant, se trouvaient réunis tous les survivants de l'expédition de Chattanooga : treize hommes ; huit étaient morts de la main du bourreau, et le neuvième, plus heureux que les autres — ses camarades du moins l'espéraient — avait pu fuir; c'était John Wollam qui, avec Andrews, avait fait partie de la première évasion.

Un matin, le geôlier demanda aux prisonniers s'ils connaissaient John Wollam; craignant de tomber dans quelque piège, ils hésitaient à répondre, quand une voix bien connue se fit entendre :

— Le voilà, John Wollam !

Et, disant ces mots, le brave garçon entrait dans la prison et serrait la main de ses camarades.

L'arrivée de Wollam apporta une heureuse diversion dans la vie monotone des pauvres prisonniers ; que de choses à se dire ! les survivants racontèrent d'abord les terribles évènements des jours derniers : la mort d'Andrews, le procès des sept, leur condamnation, leur exécution. A son tour, Wollam dut faire le récit de son évasion et dire comment il avait été repris :

— Au moment où je traversais la cour derrière Andrews, et pendant que j'escaladais le mur, vous vous rappelez que j'essuyai plusieurs coups de fusils ; les balles me sifflaient aux oreilles, mais pas une ne m'atteignit.

Arrivé de l'autre côté du mur, je m'élance droit devant moi, personne ne me poursuivait encore ; j'atteins la rivière sans avoir été vu ; mais j'allais bientôt avoir toute une bande de chasseurs à mes trousses, il fallait avant tout les dépister ; tout d'abord j'avais songé à traverser la rivière; mais pas un seul bateau en vue. Une idée subite me vient à l'esprit : je vais faire croire à ceux qui me cherchent que j'ai passé sur l'autre bord. A cet effet, je jette mon paletot sur la rive, et, entrant dans l'eau jusqu'à mi-jambe, je côtoie le bord pendant cinquante mètres environ; puis, remontant sur la berge, je fais quelques pas et me glisse dans un épais fourré d'ajoncs. Au-dessus de moi, les chasseurs émettaient leur avis sur le meilleur moyen à employer pour me prendre.

Enfin, ils découvrent mon paletot; ma ruse réussissait. Les chasseurs s'embarquent avec des chiens, traversent la rivière et, sur l'autre rive, découplent leurs bêtes pour relever l'endroit où j'avais abordé et prendre la piste. De ma cachette, je pouvais suivre tous leurs mouvements.

Après de longues recherches, ils abandonnent la partie, convaincus que je me suis noyé.

Cependant, dans la crainte qu'ils ne reviennent, je reste dans les roseaux pendant tout le jour; le soir, je suis la rivière pendant plusieurs milles, du côté de Chattanooga; le long du bord, j'aperçois un bateau, je m'en empare et je continue, mais sans me fatiguer cette fois, la descente du fleuve. Le jour, je cachais mon canot dans les broussailles qui encombrent la rive, et le soir je reprenais ma course.

Une nuit, j'aperçus, au beau milieu de la rivière, un petit vapeur chargé de soldats; avec toutes les précautions possibles, rasant le bord, agitant mes avirons sans bruit, je réussis à l'éviter. Hélas! mes amis, jugez de ma déception quand, plus tard, j'appris que ce vapeur était monté par des soldats de Mittchel!

Enfin, après plusieurs jours, ou plutôt plusieurs nuits de voyage, j'acquiers la conviction que je suis maintenant dans nos lignes; j'aborde, et, en plein jour, je pars à la recherche de notre armée. Quelle fatale erreur! j'étais entre les Fédéraux et les Confédérés; rien n'est dangereux comme de se trouver entre deux ennemis qui, tous deux, exercent une égale vigilance; on est infailliblement pris par une reconnaissance quelconque. C'est ce qui m'arriva.

J'avais à peine marché une heure que je tombe

dans un parti de cavalerie sudiste; inutile de songer à fuir, je suis bientôt pris, et questionné vous savez comme.

Je crois cependant que j'allais réussir à convaincre ces Confédérés que j'étais un des leurs, quand un lieutenant, le lieutenant Edwards, s'approche de moi, m'examine attentivement et déclare qu'il me reconnaît, que je suis un des Voleurs de Locomotives, et qu'il m'a déjà arrêté une fois.

Que faire? Rien, n'est-ce pas, mes amis.

L'arrivée de Wollam avait apporté un peu de changement dans la triste existence des prisonniers; mais bientôt la vie recommença, monotone et uniforme, égayée seulement par la lecture des journaux que les captifs se procuraient à grand peine, et de quelques livres de piété que leur prêtait un pasteur admis à les visiter. Sans nouvelles du dehors, sans réponse à leurs pressantes questions sur le sort qui leur était réservé, les prisonniers atteignirent le mois d'août.

Un jour — c'était le 7 ou le 8 — le geôlier amena quatre soldats fédéraux; deux, Coleman et Helbling faisaient partie de la même brigade que les volontaires. Ils purent leur donner beaucoup de renseignements utiles et, entre autres, leur assurer que depuis longtemps ils passaient pour morts dans leurs régiments; à leur grand regret, ils apprirent aussi de ces soldats que Mittchel avait changé le théâtre de ses opérations, et qu'il était maintenant sur les côtes de l'océan Atlantique. Cette dernière nouvelle surtout était bien faite pour les désespérer; il ne pouvait plus être question de l'intervention de leur ancien général. Du reste, ces nouveaux venus ne l'avaient-ils pas dit : on les croyait morts.

Alors recommencèrent les projets d'évasion ; c'est le thème favori de tous les prisonniers. Il avait été convenu qu'on ne recourrait à cette extrémité qu'au cas où on les préviendrait qu'eux aussi passeraient devant une cour martiale, car ils ne doutaient pas que l'issue ne leur soit aussi fatale qu'à leurs infortunés compagnons. Quoique rien ne vint confirmer leurs craintes, les plus actifs et les plus vigoureux, qui souffraient plus que les autres de cette inaction forcée, insistaient pour que les projets de fuite fussent repris.

L'arrivée des quatre hommes, et les nouvelles qu'ils apportaient décidèrent les prisonniers à essayer une démarche, pour savoir à quoi s'en tenir, et être fixés sur leur sort; si leur tentative aboutissait à un ordre de comparution devant une cour martiale, eh bien !.ils fuiraient, ou se feraient tuer dans la lutte. Ils se décidèrent donc à écrire directement à Jefferson Davis, le président de la Confédération, pour lui exposer leur cas, et demander à être traités comme des prisonniers de guerre.

Pittenger fut chargé de la rédaction du placet; il écrivit la lettre suivante :

Prison d'Atlanta, 17 août 1862.

A Son Excellence Jefferson Davis,

Président des États Confédérés d'Amérique.

« Nous sommes des soldats des Etats-Unis
» régulièrement détachés de notre régiment, et
» placés sous les ordres d'Andrews. Nous ne le
» connaissions pas, nous ignorions ses projets,
» mais nous obéissions à nos chefs. Vous savez

» probablement ce que nous avons fait ; si non,
» vous le trouverez indiqué dans le jugement de
» nos camarades. Depuis lors, Andrews et sept
» d'entre nous ont été exécutés, nous restons
» quatorze. N'est-ce pas une punition assez
» grande et un exemple suffisant? N'est-il pas
» temps que l'on prenne pitié de nous? depuis
» quatre mois nous sommes en prison !

» N'ordonnerez-vous pas, Monsieur, que nous
» soyons placés sur le même pied que les pri-
» sonniers de guerre, et ne permettrez-vous pas
» que nous soyons échangés? Vous montrerez,
» par cette preuve de générosité, que, dans cette
» terrible guerre, le Sud écoute toujours la voix
» de la clémence et de la magnanimité.

» Si vous êtes assez bon pour acquiescer à
» notre demande, nous vous en serons éternelle-
» ment reconnaissants.

» Nous vous prions de nous faire connaître
» votre décision aussitôt que possible. »

Suivaient les signatures des quatorze survivants.

Cette pétition fut envoyée, en suivant la voie

hiérarchique, et chaque officier à qui elle parvint l'annota avant de l'adresser à son supérieur, mais il est probable qu'elle ne parvint jamais au Président ; elle s'arrêta au ministère de la guerre, puis, bien longtemps après, et par la même voie, elle revint ; les officiers généraux s'étonnaient tous que, puisque l'on avait exécuté huit des volontaires, quatorze fussent épargnés ; le résultat fut que les survivants passeraient aussi devant une cour martiale.

Quand les prisonniers apprirent cette nouvelle par le geôlier, ils décidèrent de mettre immédiatement leur projet de fuite à exécution.

La pièce qu'ils occupaient était fermée par deux portes, l'une en bois, et l'autre bardée de fer ; au bas de l'escalier, un vaste antichambre, dans lequel deux portes ouvraient, l'une sur le préau, l'autre sur la cour de derrière, entourée d'une barrière de huit pieds de haut ; une porte cochère fermait l'enceinte. Sept hommes de garde veillaient à cette porte extérieure. La prison était, malheureusement, située au centre de la ville, et à plus d'un mille des bois. La seule chance de réussite que possédaient les prisonniers dépendait de la rapidité de l'exécution ; il fallait surprendre la garde et la désarmer avant qu'elle eût le temps de se mettre en défense.

Cette fois-ci, il n'était plus question de percer les murs, de scier les planches et de se sauver à la faveur de la nuit, c'est en plein jour que l'évasion devait s'opérer : on devait terrasser les gardiens, s'emparer de leurs fusils, et partir. Le moment choisi fut l'heure du souper : quand le geôlier apporterait la soupe, deux hommes le renverseraient, le tiendraient immobile et se saisiraient de ses clefs pour ouvrir toutes les portes, car ils voulaient rendre la liberté à tous les prisonniers. Pendant ce temps-là, les autres descendraient doucement, prendraient les fusils des hommes du poste qui seraient enfermés, et tout le monde se mettrait se route ; hors la ville, on se séparerait par groupes de deux ou trois qui tireraient chacun de leur côté.

On était au 17 octobre ; toute la journée fut employée par les captifs à terminer les préparatifs, à envelopper les quelques effets qu'ils voulaient emporter, et à rajuster, tant bien que mal, leurs chaussures en piteux état.

Lentement, le soleil s'abaissait vers l'ouest, et l'ombre grandissait à l'orient; l'heure décisive approchait, et déjà les pas du geôlier résonnaient dans l'escalier; avant d'entreprendre leur périlleuse évasion, tous les hommes se serrèrent la main en silence et se firent de solennels adieux; combien d'entre eux tomberaient frappés à mort dans cette lutte pour la liberté?

Le geôlier entra, fit déposer le panier contenant la maigre pitance des prisonniers, puis gagna une autre chambre; à la hâte, les captifs dévorèrent leur repas, et chacun, prenant la place qui lui était assignée, attendit le retour de M. Turner, le geôlier.

Il rentra quelques instant après; le capitaine Fray, un des nouveaux compagnons des volontaires qui avait pris le commandement de l'opération, passa entre lui et la porte, et lui dit tranquillement :

— Une belle soirée, M. Turner.

C'était le signal.

— Oui, répondit le geôlier, très belle, en effet.

Il semblait étonné du mouvement tournant du capitaine Fray.

— Il me semble, reprit le capitaine, que nous ferions bien une promenade ce soir.

Au même instant, il saisissait Turner à bras le corps, pendant que Pittenger, pour l'empêcher de crier, lui mettait la main sur la bouche. Le capitaine Fray continuait sa conversation.

— Oui, Turner, nous voulons faire une promenade; il y a trop longtemps déjà que nous sommes ici, nous partons, et nous ouvrons à tous les prisonniers; ainsi, donnez les clefs et ne faites pas de difficultés, ou il vous arriverait malheur.

Turner serrait convulsivement les clefs dans sa main et essayait de crier, mais en vain; pendant que le capitaine le maintenait, Buffum s'emparait des clefs et ouvrait toutes les portes; puis les hommes désignés pour l'attaque descendirent à pas de loup; ils furent bientôt rejoints par leurs camarades et ceux que Buffum venait de libérer.

Sept sentinelles étaient en faction : trois dans la cour de derrière, quatre dans celle de devant.

L'attaque contre les premiers réussit au mieux : ils sont renversés et désarmés avant d'avoir pu se défendre, et ils se tiennent tranquilles sous la menace d'être tués sur le champ.

L'attaque de la première cour est poussée avec autant de vigueur et d'habileté : deux factionnaires placés de chaque coté de la porte sont mis dans l'impossibilité de nuire; les deux autres, chargés de la porte extérieure, au lieu de se défendre quand ils voient arriver les prisonniers, se sauvent en donnant l'alarme; tout le voisinage est bientôt sur pied et les hommes d'un poste voisin accourent. Tout cela avait été fait avec une telle rapidité que, quand le cri d'alarme retentit, Buffum n'avait pas encore fini d'ouvrir les portes.

Maintenant, les fugitifs n'avaient plus à se cacher : chacun se sauva au plus vite, escaladant le mur et prenant sa course vers les bois; bientôt la fusillade retentit de toutes parts. Ceux qui s'étaient chargés du geôlier arrivaient dans la cour en ce moment : Pittenger et le capitaine Fray; celui-ci comprend, du premier coup d'œil, qu'il ne faut pas essayer de traverser la première cour; il rentre, sort par la porte de derrière et, franchissant le mur, s'éloigne dans une direction opposée à celle de ses camarades. Un soldat qui l'aperçoit, l'ajuste et fait feu; Fray tombe. Croyant l'avoir tué, le soldat se met à la poursuite d'autres fuyards; à peine a-t-il le dos tourné que le capitaine, qui n'est même pas blessé, se relève et, toujours courant, gagne les bois. Trente jours après, il était en sûreté à Nashville.

Pittenger ne fut pas aussi heureux; il avait la vue très basse, la transition trop brusque de l'obscurité de la prison à la clarté du jour l'éblouit au point qu'il alla donner dans des troupes fraîches qui franchissaient la grande porte; dès qu'il s'aperçut de son erreur, il se retourna vers la prison et, sortant par le chemin qu'avait suivi Fray, grimpa sur le mur; mais une demi-douzaine de soldats postés extérieurement le couchèrent en joue; il rentra dans la cour et tenta de nouveau de sortir par la grande porte, mais elle était gardée. Alors, désespéré, Pittenger regagna sa prison, et de sa fenêtre, il put voir ses camarades, plus favorisés par le sort, fuyant dans toutes les directions. Il put aussi entendre le colonel Lee donnant des ordres.

— Ne les prenez pas vivants, ces canailles : tuez-les, partout où vous les trouverez.

Parrot et Reddick furent repris dans la cour intérieure et Buffum non loin du mur qu'il venait de franchir ainsi que Bensinger.

Une heure après, l'ordre était rétabli dans la prison, et cinq des volontaires se trouvaient de nouveau réunis dans leur cachot ; c'étaient Pittenger, Buffum, Bensinger, Reddick et Parrot. Mason fut ramené le lendemain ; il était très malade et ses compagnons, sur le point d'être pris, avaient dû l'abandonner.

Le jour suivant, des officiers vinrent interroger les prisonniers pour savoir quelle direction les fugitifs avaient pris.

— Ils ont l'intention, répondit Pittenger, de gagner les lignes fédérales ; ils ont dit qu'ils faisaient peu de différence sur le chemin à suivre, puisque l'armée de l'Union vous entoure si bien que, de quelque côté que l'on se dirige, on est sûr de la rencontrer.

Les malheureux restants n'entendirent plus parler de leurs camarades, ce qui leur fit supposer qu'ils avaient réussi à gagner l'armée du nord, et eux, livrés à toutes les angoisses de l'incertitude, restèrent encore de longs mois avant qu'aucun changement survînt dans leur situation.

Avant de raconter la captivité des six prisonniers, retenus jusqu'au 17 mars 1863, nous allons suivre quelques-uns des évadés dans leur fuite périlleuse.

## CHAPITRE XV

### ÉVASIONS PÉRILLEUSES

Porter et John Wollam étaient ensemble ; ils s'élancèrent vers les bois. Pendant un mois, ils marchèrent jour et nuit, vivant de noisettes, de raisin sauvage ou de quelques morceaux de pain que des nègres compatissants partageaient avec eux ; souvent même, ils se glissaient dans les champs où travaillaient les esclaves, et dérobaient leur frugal repas ; nécessité n'a point de loi.

Leur plus grande souffrance était le froid ; à cette époque de l'année, les nuits sont glaciales, et les malheureux couchaient à la belle étoile. Une seule nuit, ils purent dormir à couvert : ils trouvèrent une hutte occupée par des porcs; chasser les occupants et prendre leur place, fut l'affaire d'un instant; Porter et Wollam passèrent une nuit délicieuse.

C'est vers le Tennessee que tendaient les efforts des fugitifs; Wollam, qui, une fois déjà, avait suivi cette route, la connaissait et se promettait bien de ne plus retomber dans la même faute, c'est-à-dire de débarquer trop tôt. Ce n'est que vingt-deux jours après leur départ qu'ils purent gagner la rivière. Le plus dur était fait; en neuf jours, ils atteignirent Pittsburg Landing, et le lendemain Corinth, occupé par l'armée du nord; c'était le 18 novembre, trente-deux jours après leur évasion. Ils avaient parcouru quatre cents kilomètres en ligne droite, peut-être le double en comptant les détours.

Les hasards de la fuite réunirent Brown, Knight et Mason; Dorsey et Hawkins se joignirent bientôt à eux. La première nuit, pendant que les fugitifs se cachaient dans les bois, Mason tomba malade et, pendant deux jours, fut dans l'impossibilité de marcher; il suppliait ses camarades de l'abandonner, il ne voulait pas les entraîner dans sa perte, car il était maintenant certain d'être repris. Jamais ses héroïques compagnons ne voulurent consentir à ce qu'ils considéraient comme une lâcheté. Résolus à le sauver où à périr tous ensemble, Brown et Knight emportèrent Mason dans une maison voisine, où ils furent bien reçus.

A peine terminaient-ils le repas qu'on leur avait offert que trois hommes se présentaient pour les arrêter. Brown ne chercha même pas à nier qu'ils ne fussent des prisonniers évadés, mais à la sommation que lui firent les Sudistes de les suivre, il répondit :

— Quant à cela, jamais; voyez plutôt.

Et prenant sa course avec Knight, il s'éloigna en courant dans la direction des bois; mais il fallut abandonner Mason, qui fut pris et reconduit à Atlanta.

Cependant, le propriétaire de la maison découpla ses chiens, et la chasse commença. La meute, donnant de la voix à pleine gorge, eut bientôt rejoint les deux fugitifs; alors ceux-ci, avisant un tas de pierres, s'arrêtèrent et reçurent les chiens à coups de cailloux ; étonnés, et hurlant, les limiers se sauvèrent. Des cavaliers arrivaient au secours des chasseurs, et la course recommença jusqu'aux bois, la meute suivant toujours les fugitifs, mais n'osant les approcher de trop près ; heureusement pour eux, Brown et Knight rencontrèrent un ruisseau ; pour dépister les chiens ils y pénétrèrent, firent quelques centaines de pas dans l'eau en remontant le courant et, abordant sur l'autre rive, s'engagèrent dans une épaisse forêt. Le même jour ils atteignirent les monts Stone et, guidés par l'étoile polaire s'avancèrent toujours vers le nord, marchant la nuit et se cachant le jour. Ils souffraient surtout de la faim, n'ayant pour toute nourriture que des racines ou des fruits sauvages qu'ils cueillaient sur le chemin.

Ils marchaient ainsi depuis six jours, quand ils purent s'emparer d'un petit cochon ; réconfortés par cette nourriture, et certains de manger le lendemain, ils reprirent leur chemin toujours dans les montagnes.

Après dix autres jours, ils se trouvèrent, en débouchant dans une clairière, en face d'une maison isolée ; leur premier mouvement fut de fuir, mais la faim les pressait : ils entrèrent.

Pendant qu'ils mangeaient, la propriétaire, qui ne les perdait pas de vue, leur dit à brûle pourpoint :

— Vous êtes des Yankees.

— Oh ! non, répondit Brown, nous sommes des confédérés ; nous.......

— Je vous dis que vous êtes des Yankees, inutile de vous défendre ; mais soyez sans ctainte, vous êtes chez des amis.

Ces braves gens leur servirent de guides, et le 25 novembre, c'est-à-dire trente-neuf jours après leur départ, ils arrivaient à Sommerset, dans le Kentucky.

Dorsey et Hawkins suivirent à peu près la même direction que Brown et Knigth. Dorsey, en sautant du mur d'enceinte de la prison, s'était foulé le pied et il éprouvait une douleur excessive en marchant ; néanmoins il courut jusqu'aux bois avec son compagnon.

En pénétrant dans la forêt, ils trouvèrent Brown et Knight appuyés contre un arbre, et cherchant à reprendre haleine; ils s'arrêtèrent aussi, mais comme l'aboiement des chiens se rapprochait, ils reprirent leur course. Cette nuit-là, ils dormirent dans un champ, se tenant l'un contre l'autre pour se protéger contre le froid. Après avoir erré pendant deux ou trois jours dans les environs, laissant passer devant eux ceux qui les cherchaient, Dorsey et son compagnon, maintenant séparés de Brown et Knight, prirent leur direction vers le nord, marchant la nuit, et dormant le jour.

Le huitième jour de leur voyage, ils atteignirent le bas de la rivière Chattahoochee, au Nord-Est d'Atlanta. Ils commençaient à construire un radeau, quand des nègres vinrent de leur côté; ils leur demandèrent de les passer, ce qu'ils firent immédiatement, leur donnant des provisions et d'utiles indications sur la route qu'ils devaient suivre; ils leur dirent aussi que sur les bords du Hiawasser ils trouveraient un noir de leurs amis qui pourrait leur rendre grand service.

Après plusieurs jours de voyage, pendant lesquels les fugitifs furent surtout secourus par des nègres, ils arrivèrent au Hiawasser où ils trouvèrent le noir dont on leur avait parlé. Celui-ci les reçut de son mieux, leur conseilla de descendre le cours de la rivière jusqu'à son confluent avec le Tennessee, mais pour cela, il fallait contourner le camp confédéré établi à Charleston; le noir s'offrit, s'ils voulaient attendre un jour, à les guider. Ils acceptèrent son offre. Deux jours après, ils partaient et, accompagnés par le Nègre, contournèrent sans incident les troupes sudistes et atteignirent le Tennessee le lendemain. Aussitôt, ils se mirent à la recherche d'un bateau; ils en trouvèrent un en assez mauvais état et se mirent en route; le lendemain ils purent l'échanger contre un autre presque neuf et muni d'une bonne paire d'avirons.

Au point du jour ils s'arrêtaient, cachaient le bateau dans les ajoncs qui croissent sur la rive, et attendaient le soir pour reprendre leur marche. Lorsqu'ils furent près de Chattanooga, ils se décidèrent à abandonner leur bateau et à reprendre le chemin par terre; mais le premier chemin qu'ils traversèrent portait des traces nombreuses du passage des troupes, et les avertit qu'ils étaient dans le voisinage d'un corps d'armée. Deux enfants qu'ils rencontrèrent à quelque distance leur apprirent qu'en effet, le corps du général Bragg était dans ces parages. Bientôt, ils apercevaient les feux de bivouacs et, pour ne pas tomber dans les grand-gardes, escaladaient une haute montagne où ils résolurent de passer la nuit.

Au matin, ils voyaient toute une division avec ses bagages défiler à leurs pieds. Toute la journée, du haut de leur observatoire, ils assistèrent au défilé de ces troupes. La nuit suivante, ils se décidèrent néanmoins à se porter en avant, mais ils étaient entourés de postes avancés de tous côtés ; ils durent regagner les hauteurs. Le lendemain, le jour se leva sur un pays désert ; la division Bragg s'était éloignée, et au loin grondait le roulement des caissons et des lourds chariots. Pendant plusieurs jours ils continuèrent à errer dans les montagnes inhabitées.

Un soir, ils crurent entendre le bruit de la hache dans la vallée ; ils étaient si faibles et si épuisés par la faim qu'ils résolurent de se diriger vers ce bruit, aimant mieux affronter un péril réel que de rester plus longtemps dans la situation précaire où ils se trouvaient. Quand ils abordèrent les bûcherons, ils leur dirent qu'ils étaient des soldats confédérés restés à l'hôpital, et cherchant maintenant à rejoindre leur régiment ; qu'ils étaient sans argent, et mourants de faim. Les forestiers refusèrent de leur rien donner, disant que les confédérés leur avaient pris tout ce qu'ils possédaient.

Dans la pensée que ces hommes étaient des partisans de l'Union, Dorsey et Hawkins firent l'éloge de la cause du Sud, pour les éprouver. Les bûcherons reçurent assez mal les deux fugitifs, leur déclarant qu'ils étaient dans le district de Lincoln, ainsi nommé parce que, dans toute cette région, la Sécession n'avait obtenu que deux voix.

Ils avouèrent alors qu'ils étaient fédéraux, au service de l'Union ; à cette déclaration, les bûcherons changèrent tout à coup et offrirent aux fugitifs une généreuse hospitalité.

Quand Dorsey et Hawkins furent reposés et restaurés, ils reprirent leur route, conduits par un homme célèbre pour son habileté à éviter l'ennemi ; on l'appelait « le Renard Rouge »; guidés par cet habile coureur des bois, ils gagnèrent Sommerset en quelques jours.

Tout d'abord, ils eurent quelque peine à établir leur identité vis-à-vis des officiers et des autorités de l'Union ; mais quand ils eurent raconté leur histoire et prouvé qu'ils étaient bien des membres de la fameuse expédition de Chattanooga, ils furent l'objet d'une réception enthousiaste de la part de leurs camarades.

De toutes les évasions, la plus extraordinaire est assurément celle de Wilson et de Wood. Au lieu de se diriger vers le Nord comme les autres fugitifs, c'est vers le sud qu'ils portèrent leurs pas ; cette direction les éloignait assurément de la poursuite des Confédérés, mais les exposait à mourir de faim dans la traversée qu'ils avaient à faire de tous les Etats du Sud. L'idée que deux des prisonniers évadés chercheraient à atteindre la flotte nordiste chargée de bloquer le golfe du Mexique, n'entra jamais dans l'esprit des Sudistes. Heureusement que Wilson avait choisi cette route, car autrement, il n'aurait jamais pu sauver son ami et compagnon Wood, qui depuis des mois était malade, dans un état de faiblesse extrême, et à peine capable de faire quelques pas dans sa prison. La façon dont Alfred Wilson réussit à amener son ami Wood d'Atlanta au golfe du Mexique, dans l'état de faiblesse où il se trouvait, est tellement étonnante, qu'elle semble tenir du roman bien plus que de la réalité. C'est cependant l'absolue vérité.

Alfred Wilson et Wood se trouvaient ensemble dans la prison d'Atlanta au moment de l'évasion; Wilson, ainsi qu'il était convenu entre eux, se dirigeait vers la grande porte.

— Alf, cria Wood, venez vite par ici; c'est par la cour de derrière que nos compagnons se sauvent; suivons-les, car voici la garde qui arrive au galop.

— Alors, franchissons le mur, répondit Wilson.

Et tous deux, prenant leur élan, sautèrent par dessus l'enceinte; il était temps, une volée de coups de fusils vint les saluer comme ils étaient sur la crête du mur; une balle passa si près du talon de Wilson qu'un éclat de bois le blessa au pied. Il s'en aperçut en sautant à terre de l'autre côté.

— Wood, cria-t-il, je suis blessé.

— Ça ne fait rien, il faut courir, répondit Mark Wood.

Tout en courant, Wilson tâta son talon et ramena sa main pleine de sang; mais, en même temps, il put constater qu'il était blessé légèrement et qu'il pouvait faire un bon usage de ses jambes, fort heureusement pour lui, car les balles sifflaient à leurs oreilles et la fusillade était si bien nourrie que c'est miracle que tous les deux aient été épargnés.

Après une course d'un mille environ, ils atteignirent le bois, mais si clairsemé qu'ils n'étaient pas encore à l'abri; cependant, la nuit devenant de plus en plus noire, ils purent ralentir leur marche et reprendre haleine. Le petit bois qu'ils suivaient était coupé par une grande route, ils allaient la traverser quand ils aperçurent un parti de cavaliers se déployant en tirailleurs; ils se rejetèrent en arrière et n'eurent que le temps de se glisser sous un épais fourré. Allongés, respirant à peine, n'osant prononcer un mot de crainte d'attirer l'attention, ils restèrent longtemps dans cette position. Bientôt, la cavalerie fut remplacée par de l'infanterie, et formée en groupe pour fouiller le bois. L'endroit où les deux fugitifs étaient cachés n'était pas à quinze pas d'une sentinelle, et ils entendaient parfaitement la conversation de deux factionnaires; bien entendu, ces hommes parlaient de l'évasion des prisonniers.

Plus tard, dans la nuit, un bruit à peine distinct frappa leurs oreilles; bientôt après, ils distinguaient la silhouette de deux hommes se dirigeant vers le buisson avec des précautions infinies; ils reconnurent deux de leurs camarades, mais, de crainte de se trahir, ils les laissèrent passer sans signaler leur présence. A la façon dont ils s'avançaient, il était facile de voir qu'ils connaissaient exactement la position des gardes.

Après avoir attendu un certain temps pour voir s'ils seraient découverts, Wilson et Wood se décidèrent à quitter leur cachette; les factionnaires étaient placés à trente mètres l'un de l'autre environ, et, pour sortir, il fallait passer entre eux; Wilson se mit en marche le premier, rampant avec lenteur; il atteignit l'autre côté de la route et attendit; Wood passa à son tour et de la même façon, puis tous deux, toujours rampant, s'éloignèrent du chemin; mais un nouvel obstacle s'éleva devant eux : il fallut franchir une barrière assez haute; à force de patience, ils réussirent à l'escalader. Quelques pas plus loin, s'étendait une petite plaine qu'ils traversèrent sans être vus; arrivés de l'autre côté, ils reprirent leur course jusqu'à un étroit ruisseau qu'ils passèrent après avoir marché contre le courant pour dépister les chiens au cas où on les mettrait sur leur voie. Ils gagnèrent enfin une épaisse forêt qui s'étendait sur les flancs d'une colline élevée; ils la gravirent et, arrivés au sommet, ils tombèrent épuisés sur le sol. Leur fatigue provenait d'abord de la course longue et rapide qu'ils avaient fournie, mais surtout du relâchement soudain de leurs muscles, maintenant que l'excitation de l'évasion et de la fuite était passée, que le calme était revenu et qu'ils pouvaient examiner froidement leur position. L'idée de se sentir libres ne contribuait pas peu à les émouvoir profondément.

Avant de quitter la prison, Wilson avait longuement réfléchi à la route à suivre ; l'expérience qu'il avait acquise pendant son voyage dans les montagnes autour de Chattanooga lui avait démontré que, dans cette direction, les chances d'être repris étaient beaucoup plus grandes. Il avait donc décidé qu'il se dirigerait sur le golfe du Mexique, dans l'espoir d'atteindre la flotte de blocus. Assurément, cette route était de beaucoup la plus longue, — au moins quatre cent quatre-vingt kilomètres, — mais il y avait de grandes chances pour que les poursuites et les recherches ne fussent pas dirigées dans cette direction. Wilson ne connaissait guère le pays qu'il allait traverser, il savait seulement que le fleuve Chattahoochee passait à l'ouest d'Atlanta et se dirigeait ensuite vers le golfe du Mexique.

Pendant le court repos qu'ils prirent sur la montagne, Wilson communiqua son projet à Wood qui, confiant dans son ami, l'avait suivi jusqu'ici sans même demander où il le conduisait. Mark Wood approuva, et les deux fugitifs reprirent leur marche en obliquant un peu vers le sud-ouest. Ils atteignirent bientôt le chemin de fer d'Atlanta à Colombus, qui court parallèlement au fleuve, et se convainquirent ainsi qu'ils étaient dans la bonne voie.

Il restait à Wilson une autre inquiétude, c'était l'air misérable qu'ils avaient, lui et son compagnon ; à peine vêtus, portant toujours les vêtements qu'ils avaient pour l'expédition de Chattanooga, sales, amaigris par la faim et la souffrance, ils avaient bien l'air de deux échappés de prison, surtout Wood qui, depuis deux mois, était dévoré par la fièvre : son visage émacié, ses yeux enfoncés et brillants lui donnaient l'aspect d'un fou.

Après quatre nuits de marche — ils se cachaient pendant le jour — les deux fugitifs, réduits à se traîner souvent sur les genoux et sur les mains, atteignirent le fleuve Chattahoochee; c'était, ils le croyaient du moins, la fin de leurs fatigues; il ne leur restait plus qu'à trouver un bateau, à s'en emparer et à s'abandonner au fil de l'eau. Un canot amarré à quelque distance fut aussitôt détaché, et, faisant force de rames, les deux compagnons s'éloignèrent rapidement. Au matin, le canot fut caché dans un petit *bayou*, et ils essayèrent, après s'être dissimulés eux-mêmes, de dormir; mais les moustiques et la faim qui leur torturait l'estomac ne leur permirent pas de prendre un seul instant de repos. Ils se décidèrent à pousser une reconnaissance dans les terres et à entrer dans la première maison qu'ils rencontreraient.

A peu de distance de la rivière, ils trouvèrent des huttes occupées par des nègres; ils racontèrent qu'ils recherchaient leurs régiments et obtinrent un repas assez confortable. Tout en dévorant les mets qu'une vieille négresse déposait devant eux, ils prirent quelques informations ; ils apprirent, comme grande nouvelle, l'évasion des aventuriers Yankees de la prison d'Atlanta : « Ces bandits, disait un vieux noir, que l'on aurait dû pendre il y a longtemps ». Le festin terminé, ils reprirent le chemin de leur bateau, et toute la nuit nagèrent vigoureusement.

Cette navigation pénible dura pendant trois nuits, mais alors il fallut abandonner le frêle esquif qui les portait ; le cours de la rivière était encombré de rochers et coupé de sauts et de rapides, et, pendant trois nuits, les fugitifs durent suivre à pied les bords du fleuve sur un terrain pierreux, accidenté et difficile ; enfin, au matin du troisième jour, ils se trouvèrent auprès de la ville de Colombus ; ils savaient qu'au delà le fleuve est navigable. La journée toute entière, ils se tinrent cachés et, à la nuit tombante, firent un énorme détour pour contourner la ville et retrouver le fleuve au-dessous de Colombus. Ils se dissimulèrent dans des vignes pour y passer la journée. De leur cachette ils pouvaient voir des ouvriers travaillant à poser les dernières plaques d'acier à un énorme vaisseau de guerre destiné à donner la chasse à la flotte nordiste en station dans le golfe, et à forcer le blocus.

Ce terrible engin de guerre n'était autre que le fameux « Chattahoochee » qui, à sa première sortie, éclata à l'embouchure de la rivière Flint, et n'atteignit jamais le golfe du Mexique.

Le long détour qu'avaient décrit les fugitifs les avait tellement fatigués qu'ils durent se reposer deux jours entiers ; la nuit, Wilson errait dans les environs à la recherche d'un bateau ; il réussit à en trouver un qu'il enleva presque sous les yeux des ouvriers qui travaillaient jour et nuit à la construction du vaisseau blindé. Wood fut embarqué aussitôt et la descente du fleuve recommença. Ils s'aperçurent bientôt que leur embarcation faisait eau de toute part ; un des hommes était toujours employé à vider la barque avec une écoppe.

Un peu au-dessous de Colombus, Wilson aperçut plusieurs bateaux amarrés sur la rive droite ; il résolut d'échanger le sien contre un de ceux-là ; il s'approcha donc, fit son choix et allait prendre la barque, quand trois hommes se montrèrent sur la rive accompagnés de chiens. L'un de ces hommes, le propriétaire des bateaux sans doute, interpella les fugitifs en les traitant de voleurs ; ceux-ci, sans s'arrêter, mirent à flot le canot qu'ils avaient choisi, ainsi que tous les autres, pour éviter d'être poursuivis, puis changeant leur direction, remontèrent le courant comme s'ils se rendaient à Colombus. Les hommes avaient réussi à s'emparer d'une barque, et leur donnaient la chasse ; mais, grâce à une petite île contournée par les fugitifs, ils purent reprendre leur route et échapper à ceux qui les poursuivaient.

Les nuits se succédaient, employées à descendre le fleuve ; mais quelles nuits ! malgré la joie qu'éprouvaient les fugitifs en pensant que chaque coup d'aviron les éloignait de la prison et les rapprochait de la mer, que de souffrances ils avaient à endurer ! torturés par la faim, ils ne se nourrissaient que de quelques épis de maïs et de fruits sauvages ; sans cesse harcelés par des milliers de moustiques qui les attaquaient, les malheureux, à peine vêtus, n'avaient d'autre ressource, pour se protéger un peu, que d'étendre sur leurs épaules de longues bandes de mousse. Un autre sujet d'effroi pour eux, c'était les serpents et les alligators, les *gators*, comme disent les nègres. La nuit ils escortaient le canot, et le jour, quand Wilson et Wood se retiraient sur la berge pour dormir, ils étaient entourés de ces bêtes voraces qui faisaient cercle autour d'eux, les fixant de leurs petits yeux clignotants et semblant attendre leur sommeil pour s'emparer d'eux, et les entraîner dans le fleuve; ils étaient donc obligés de veiller chacun à leur tour, ce qui diminuait leur temps de repos.

Un jour, poussés à bout par la faim, ils se décidèrent à faire une reconnaissance à quelques kilomètres du rivage; c'est encore dans une cabane de nègres qu'ils trouvèrent l'hospitalité et un repos réconfortant ; le soir, ils retournèrent à l'endroit où ils avaient laissé le bateau pour reprendre leur voyage.

Quelle déception ! le bateau n'était plus là ! on l'avait volé.

Après de longues recherches, ils finirent par trouver une vieille barque coulée en partie ; ils employèrent de longues heures pour la mettre à flot, la vider et, au moyen de branches, se confectionner des rames ; ce n'est que le lendemain qu'ils purent repartir. Le jour suivant, dans une vieille cabane abandonnée, ils découvrirent une ligne, des hameçons et des engins de pêche ; quelle trouvaille ! c'était la certitude de ne pas mourir de faim, mais comme ils n'osaient faire du feu de peur de révéler leur présence, ils mangeaient le poisson cru.

Wilson ne pouvait manger que quelques bouchées de cette chair crue et sanglante ; mais Wood dévorait littéralement les poissons.

— Mark, ce pauvre affamé, racontait Wilson après leur retour, les déchirait à belles dents comme un loup féroce, et j'étais obligé de le supplier de s'arrêter, de peur d'accidents. Il s'asseyait, dévorait cette chair palpitante sans jamais dire un mot, mais il me jetait des regards sauvages ; ses yeux étaient enfoncés au point qu'on ne les voyait presque plus, et ses pupilles affreusement développées, s'emblaient s'agrandir encore quand il déchirait ces poissons vivants. J'avais entendu dire que des hommes étaient devenus fous, à la suite des souffrances de la faim ; je frissonnais quelquefois en regardant ce pauvre Wood, et j'avais peur de l'éclat sauvage de son regard.

Maintenant, les fugitifs approchaient de la mer : le fleuve allait toujours s'élargissant ; ils traversèrent la ville d'Appalachicola et descendirent le fleuve pendant deux jours encore, puis, par une nuit noire, abordèrent, et, se cachant dans un petit bois, s'endormirent. Qu'on juge de leur étonnement, le lendemain, au réveil : leur bateau, qui flottait la veille, était maintenant à sec à plus de cent mètres de l'eau. C'était l'effet de la marée. Après bien des efforts, ils le remirent à flot, reprirent leur route et gagnèrent la mer. Pendant quelque temps, ils perdirent de vue la terre, mais apercevant enfin un îlot, ils s'y dirigèrent et bientôt, à l'horizon, distinguèrent les mâts d'un navire. Le rocher sur lequel ils abordèrent était un banc d'huîtres. Après en avoir fait une ample provision, ils reprirent leur voyage, dans la direction du navire.

Quelle joie, quand à la corne d'artimon du vaisseau ils reconnurent le pavillon de l'Union! ils s'approchèrent émus. Une voix rude les interpella:

— Qui êtes-vous, pour venir ainsi sous mes canons?

— Nous sommes deux malheureux cherchant des amis!

Et Wilson, qui se tenait debout à l'avant de la barque, expliqua leur histoire en peu de mots.

— Vous êtes bien loin du camp, répondit l'officier d'un air soupçonneux.

Enfin, on les fit monter à bord, et alors, quand ils eurent dit qu'ils étaient deux des volontaires de l'expédition de Chattanooga, ce fut une véritable ovation.

Inutile d'insister sur la réception faite à ces deux malheureux, ni sur la joie de se retrouver en santé au milieu des marins de l'Union et de rejoindre, plus tard, des amis qui les pleuraient.

Reprenons l'histoire des six infortunés restés au pouvoir de l'ennemi.

## CHAPITRE XVI

### LIBERTÉ !!

Quand, à Atlanta, les prisonniers avaient conçu leur plan d'évasion, pas un ne se dissimulait que l'insuccès était le signal de sa mort. Cependant, à peine réintégrés dans leur prison, les six captifs se prirent à espérer : les jours succédaient aux jours sans amener de changement dans leur situation ; il n'était plus question de cour martiale, la prison devint même moins rigoureuse. Peut-être les confédérés trouvaient-ils que ces six infortunés avaient assez souffert et qu'il était inutile de les persécuter davantage. Les deux mois qu'ils passèrent encore à Atlanta furent les moins rigoureux de leur captivité.

Pensant que la prison n'était pas assez sûre, le colonel Lee fit transférer les prisonniers dans des baraques situées au centre de la ville, sur une des places publiques. La chambre où ils étaient enfermés était vaste, claire, bien aérée et bien chauffée ; les fenêtres, sans barreaux, donnaient sur une des rues les plus animées de la ville. Les portes étaient toujours ouvertes, et un factionnaire veillait devant chacune d'elles ; mais il n'était plus question de geôliers ni de porte-clefs, c'était une prison militaire, où les captifs étaient traités comme des soldats.

Deux mois se passèrent ainsi. Un jour, des officiers vinrent brusquement, et, se faisant indiquer la chambre occupée par les Voleurs de Locomotives, les firent sortir un à un et ranger sur une ligne ; un des officiers leur dit alors :

— J'ai de bonnes nouvelles à vous communiquer : vous allez tous être échangés ; il n'y a plus qu'à vous faire quitter notre territoire par Richemond et City-Point.

Chacun des officiers s'avança alors vers eux, leur serrant les mains et les félicitant sincèrement de voir arriver la fin de leurs infortunes et leur souhaitant un heureux retour.

La joie des prisonniers n'était pas sans mélange : la pensée qu'ils allaient enfin être rendus à la liberté leur rappelait ces malheureux exécutés, dont ils laissaient les restes sur la terre ennemie; et ils se demandaient quel était le sort des huit évadés; ils savaient, depuis la veille seulement, que Porter et Wollam avaient atteint Corinth, mais les autres ?

Il partirent le soir même, 3 décembre, pour Richemond; à leur grande surprise, on ne les attacha point, et leur escorte ne se composait que de dix hommes commandés par le sergent White, qui leur avait toujours témoigné beaucoup de sympathie. Le croirait-on ? pendant ce voyage qui les rapprochait de la liberté, les prisonniers songèrent à fuir, en désarmant leurs gardes. S'ils s'étaient doutés des longs jours de captivité qui les attendaient encore, il est certain qu'ils auraient mis leur projet à exécution.

Le 7, après un voyage de quatre jours, ils arrivaient à Richemond; on leur fit traverser toute la ville et ils s'arrêtèrent devant la prison de Libby, sur les bords de la James-River. Peu de temps après leur arrivée, un officier vint faire l'appel des hommes à échanger, fit prêter à chacun d'eux le serment de ne pas servir contre la Confédération tant que l'échange ne serait pas régulièrement fait, et, au fur à mesure, les faisait descendre à l'entrée. Quelle déception ! les noms des six Voleurs de Locomotives n'étaient pas sur cette liste !

Des soldats les conduisirent dans un cachot sombre et humide et, avec un profond serrement de cœur, ils entendirent la porte se refermer sur eux. Une heure plus tard, un officier venait demander les hommes arrivés le matin ; ils s'empressèrent d'avancer, espérant qu'on les avait placés là par erreur ; mais cette bonne fortune ne leur était pas encore réservée : une escorte les attendaient et les emmena dans une autre prison, au Castle-Thunder (Château-Tonnerre), la prison la plus fameuse du Sud, la Bastille de la Confédération.

— Ce sont les Brûleurs de Ponts, les Voleurs

de Locomotives ? demanda l'officier chargé de les recevoir ; on aurait dû les pendre tous.

Cette réception ne présageait rien de bon pour les prisonniers.

Les six volontaires et neuf Tennessiens furent aussitôt conduits dans un cachot de seize pieds de longueur, sur huit de large; ils y restèrent tout le mois de décembre et de janvier.

Est-il étonnant que, dans cette situation, ils fussent repris d'un ardent désir de s'évader ? Le cachot était situé au troisième étage, de sorte que, pour sortir, il fallait passer devant les postes établis à chaque étage. Après cette pièce, voisine du bureau du geôlier, et de l'autre côté, régnait une rangée de chambres remplies de prisonniers de toutes sortes. La chambre contiguë à celle des volontaires était occupée par des soldats fédéraux inculpés de différents crimes ; parmi eux était le capitaine Webster.

Cet officier avait été chargé de s'emparer d'éclaireurs sudistes commandés par un nommé Simpson, qui avaient réussi à pénétrer dans les lignes Nordistes. Lorsqu'il l'aperçut, Webster lui ordonna de se rendre; Simpson répondit à la sommation par un coup de feu, puis il essaya de prendre la fuite; mais Webster le tua d'un coup de révolver. Plus tard, Webster, étant tombé aux mains des Sudistes, fut mis en prison sous l'inculpation d'assassinat, et pendu.

A cette époque, ce capitaine mûrissait des projets d'évasion. Un plan fut aussitôt combiné, qui devait s'exécuter la veille de Noël.

Les prisonniers devaient crier « au feu » et s'évader à la faveur de l'alarme causée par cet appel, en s'emparant des armes des gardes. Ce plan était presque impraticable; car, en admettant que les fugitifs vinssent à bout des soldats qui les gardaient, ils avaient encore à se frayer un chemin à travers la ville et à franchir les portes, où veillaient de nombreux postes.

La veille de Noël, cependant, les conjurés étaient prêts, attendant en silence le signal convenu; les heures se passaient et à minuit, heure fixée pour l'exécution, ils étaient tous préparés; minuit sonna : Rien, une heure, deux heures.... le cri « au feu » ne se fit pas entendre.

Quelle pouvait-être la cause de ce retard ?

Au moment où le capitaine Webster allait faire entendre le signal, un ami l'avait prévenu que le secret du complot était connu des autorités et qu'un traître l'avait dévoilé ; des mesures avaient été prises en conséquence et tous les fugitifs auraient infailliblement péri.

Le lendemain les journaux de Richemond donnaient un exposé complet du plan d'évasion.

C'est sur les tristes réflexions amenées par ce contre-temps que s'ouvrit l'année 1863. Les débuts en furent terribles pour les prisonniers ; une épidémie de petite vérole éclata dans la prison, et la mortalité fut grande ; pas un seul des volontaires ne fut atteint par le fléau.

Au mois de février, les officiers sudistes firent quelques tentatives auprès des prisonniers pour les engager à prendre du service ; sur leur refus, on les commanda pour exécuter différents travaux de défense ; mais là encore, les confédérés ne purent rien obtenir d'eux.

Pour les punir de ce refus, les hommes furent exposés nus, par un froid très vif, dans la cour de la prison, pendant toute la journée, mais cette punition subie, on ne leur demanda plus rien.

Quelques jours après, les six volontaires et d'autres prisonniers furent réunis dans la cour, et un officier fit l'appel d'une liste sur laquelle se trouvaient les noms des Voleurs de Locomotives et de quelques autres.

Cet évènement plongea les prisonniers dans une suite de conjectures; qu'est-ce que cette liste ? d'où venait-elle ? était-ce enfin pour un échange ?

Pendant de longs jours encore, les malheureux restèrent dans le doute, attendant une explication qui ne venait pas.

Enfin un jour un officier demanda les noms de ceux qui réclamaient plus spécialement la protection des États-Unis. Tous les hommes présents se firent inscrire.

Le soir du 17 mars 1863, les six volontaires, absolument désespérés, et convaincus maintenant que leur captivité dûrerait aussi longtemps que la guerre, étaient assis autour du poêle causant du siège de Vicksbourg; un officier entra et dit aux hommes présents :

— Que ceux qui veulent retourner aux Etats-Unis descendent au bureau.

Dans leur joie, les malheureux ne pouvaient en croire leurs oreilles ; ils étaient convaincus qu'il y avait quelqu'erreur et que, quand ils allaient s'avancer pour prêter serment de ne pas porter les armes contre la Confédération avant l'échange régulier, on allait leur répondre, comme à l'ordinaire :

— Les Voleurs de Locomotives ne peuvent pas partir.

Cependant, il fallut bien se rendre à l'évidence : le serment était prêté et ordre donné de se tenir prêt pour le lendemain matin à quatre heures. Oh ! ils étaient prêts, et ils auraient pu partir sur le champ !

Avec le soleil levant, ils quittèrent Richemond et atteignirent bientôt Pétersburg et continuèrent leur route vers City-Point, le lieu où se faisaient les échanges. Il était midi quand ils aperçurent le drapeau de l'Union flottant au-dessus du bateau neutre.

Les cris de joie, les hourrahs enthousiastes

s'élevaient de toute part, quelques-uns pleuraient des larmes de joie.

Comment décrire la réception faite aux six volontaires à leur arrivée à Washington ?

Le président voulut recevoir les survivants de l'expédition de Chattanooga, les compagnons d'Andrews, et leur remettre une médaille frappée pour la circonstance ; il voulut remercier lui-même ces braves gens qui avaient sacrifié leur vie pour la Patrie, pour l'Union, et qui avaient supporté avec autant de courage les souffrances d'une longue captivité, qu'ils avaient déployé de bravoure pour défendre et servir leur cause.

Honneur à ces héros !

Nous envoyons de l'autre côté de l'Atlantique l'hommage de notre admiration aux survivants de l'expédition de Chattanooga, et notre tribut de regrets à la mémoire de ceux qui périrent victimes de leur devoir !

## CONCLUSION

Cinq ans après les évènements que nous venons de raconter, la prophétie de Georges Wilson s'était accomplie : le drapeau de l'Union : « stars-and stripes » flottait victorieux sur tous les Etats-Unis ; la Sécession était vaincue ; du nord au sud, de l'est à l'ouest la paix régnait dans la grande République Américaine.

Dans les premiers jours du mois de juin 1867, une femme jeune, quoique prématurément vieillie par la douleur, couverte de longs vêtements de deuil, parcourait les rues d'Atlanta ; un homme l'accompagnait.

Arrivés dans un quartier bouleversé, dans des rues dont les maisons en ruine attestaient le passage de la guerre, l'homme, montrant un espace de terrain qui avait dû être une place :

— C'est ici, madame, dit-il ; là s'élevait l'échafaud et, à quelques mètres plus loin, dans une fosse creusée à la hâte, on a jeté son corps.

Miss Dolly, la fiancée d'Andrews — car c'était elle, accompagnée de l'ancien espion Twigg — s'agenouilla sur la terre ; pendant longtemps, les yeux voilés de larmes, réprimant à grande peine les sanglots qui l'étouffaient, elle contempla l'endroit où était mort le héros. Puis, toujours accompagnée de Twigg, elle parcourut toutes les routes qu'avait parcourues son fiancé, visita les prisons, les cachots où il avait vécu, où il avait souffert ; elle vit le fameux « Trou » de Chattanooga où, après sa fuite, on l'avait rapporté sanglant, inanimé.

Son pèlerinage terminé, elle rentra à Flemingsburg, dans la maison qu'Andrews lui avait léguée. Depuis, elle a fermé les yeux de Mme Andrews, qui ne survécut que peu de temps à la mort de son fils.

Vêtue du costume de veuve, Miss Dolly attend

avec impatience le jour qui la réunira à son fiancé, et dépense en œuvres de charité l'immense fortune qu'il lui a laissée.

Douze des membres de l'expédition vivent encore ; quant aux sept soldats exécutés, ils reposent dans le cimetière de Chattanooga. Les sept tombes sont côte à côte, rangées en demi-cercle ; sur chacune, une pierre porte gravés le nom et le grade de chacun des héros.

Cette partie du cimetière domine une grande étendue du chemin de fer de Géorgie, de cette même ligne qu'ils voulaient détruire et pour laquelle ils ont donné leur vie.

A l'ombre des hautes montagnes, dans cet endroit paisible que ne troublent ni le bruit de la ville ni le mouvement de l'activité humaine, ils dorment en paix leur dernier sommeil, comme si la mort était venue les frapper au sein de leur famille au lieu de les avoir saisis au milieu de l'horreur de l'échafaud.

Paix à ces braves !

# TABLE

Avant-Propos. .................................... 1
Chapitre  1er. — L'Espion.. .................... 7
   —    II. — J.-J. Andrews. ................... 17
   —    III. — Le Rendez-vous ................. 31
   —    IV. — La Veillée des armes........... 53
   —    V. — Big - Shanty ! Vingt minutes
             d'arrêt ! .......................... 64
   —    VI. — La Poursuite.. .................. 87
   —    VII. — La Chasse....................... 101
   —    VIII. — Fuite et capture............... 123
   —    IX. — En Prison........................ 145
   —    X. — A Flemingsbourg................. 168
   —    XI. — Espoir et déception............. 179
   —    XII. — Premier martyr................. 189
   —    XIII. — La Cour martiale............... 207
   —    XIV. — Heures de captivité........... 223
   —    XV. — Evasions périlleuses.......... 240
   —    XVI. — Liberté !!...................... 264
Conclusion ..................................... 275

# DERNIÈRES NOUVEAUTÉS

DE LA

## LIBRAIRIE C. DILLET,

15, rue de Sèvres, PARIS

## Collection par Séries

GRANDS FORMATS. — 1re SÉRIE

*Le Clocher illustré.* — Les dix-sept premières années, beaux volumes in-4º de 830 pages. Prix : 6 fr. et 7 fr. franco.

A. GUILLEMIN ET A. RASTOUL. — Jeanne d'Arc, l'épée de Dieu. Bel in-8º. Prix : 15 fr.

J. CHANTREL. — Histoire des Papes, 3º édit. 5 vol. in-8º. Prix : 30 fr.

LUDOLPHE LE CHARTREUX. — La *Grande vie de Jésus-Christ*, Nouvelle traduction complète par Dom FLORENT BROQUIN, du même ordre, 7 vol. in-8º. Prix : 35 fr.

J.-P.-A. LALANNE. — De l'Éducation publique, morale et religieuse, in-8º. Prix : 4 fr.

R. DE M. — Esquisse d'une politique chrétienne, 2 vol. in-8º. Prix : 12 fr.

Dr FRÉDAULT. — Forme et matière. In-8º. Prix : 5 fr.

## 2ᵉ Série — Beaux in-18 à 3 fr. chacun.

Etienne Marcel. — Yvette la repentie.
Baron du Casse. — Monsieur Patau.
Edouard Grimblot. — Le congé du capitaine. (Algérie et Tunisie).
H. de la Blanchère. — Le père Branchu, histoires de la Forêt.
Le même. — Les soirées de Quimper.
Le même. — Les idées de M. Bras-d'Acier.
L'abbé Henri Calhiat. — Rome nouvelle.
Camille Cellier. — Deux ans aux dragons, souvenirs d'un volontaire, 2ᵉ édit.
R. de Navery. — Les Crimes de la Plume.
Etienne Marcel. — Le Point d'Honneur.
Marquis de Roys. — Nouvelles du Dimanche.
Baron du Casse. — Le Volontaire de 1793.
Norbert Stock. — Saint Laurent de Brindes.

## 3ᵉ Série à 1 fr. 50.

Raoul de Navery — Le Choix d'une femme, 2ᵉ édit. — Le Choix d'un mari, 2ᵉ édit.
E. Delaunay. — Marie de Sancenay.
J. Maillot. — Souvenirs contemporains.
X. Souvenirs d'un sous-officier.
J. Pioger. — La Terreur.
Mary. — Immolation. — Deux voies.
Mᵐᵉ Expilly. — La Vierge de Pola.
Chevreau. — Vocation d'artiste.
Chauvelot. — Scènes de la vie de campagne.
J. Chevé. — Visions de l'avenir.
L'abbé Roullin. — Le Mois de Marie de l'Ange.
J. Loyseau. — Mémoires de Propre-à-Rien, 2 vol.
Maurice le Prévost. — Ateliers et Magasins. — Chroniques du Patronage. — Le Martyre de saint Tharcisius. — Monsieur Progrès.
Guérin. — La Bienheureuse Marguerite-Marie Alacoque.
L'abbé Leroy. — Le Livre des Enfants de chœur.

4ᵉ SÉRIE, A 2 FR. CHACUN. — 100 VOL.

Mˡˡᵉ FLEURIOT. — 9 vol. : Eve, 7ᵉ édition. — Sans Beauté, 12ᵉ édit. — Cœur de mère, 6ᵉ édit. — Yvonne de Coatmorvan, 6ᵉ édition. — La Clef d'or, 6ᵉ édit. — L'Oncle Trésor, 6ᵉ édit. — La Glorieuse, 5ᵉ édit. — Le Chemin et le But, 5ᵉ édit. — Le Théâtre chez soi.

RAOUL DE NAVERY. — 14 vol. : Viatrice. — L'Ange du bagne. — L'abbé Marcel. — Avocats et Paysans. — Voyage dans une église. — Jeanne-Marie. — La main qui se cache. — Nouvelles de charité. — Aglaé. — Récits consolants. — Le Chemin du Paradis. — Légendes d'Allemagne. — Monique.

V. BERTRAND. — Garo et son curé. — Petits Sermons où l'on ne dort pas : Fondements de la Foi, t. I ; Avent et Carême, t. II ; Nourriture du vrai chrétien, t. III ; Questions à l'ordre du jour, t. IV ; 2ᵉ édit. — Catéchisme des petits et des grands, 6 vol.

COMTESSE DE LA ROCHÈRE. — Une Héroïne de soixante ans. — Récits de la Marquise. — Mélanie Gerbier. — Madame Bochard.

JEAN LANDER. — La Fortune et la Richesse. — Rose de Bretagne.

MGR MAUPOINT. — Histoire de Mgr Dalmont. — Histoire de Mgr Monnet.

BARON DU FAOUET. — La Cour de Versailles.

EUGÈNE LOUDUN. — Les nouveaux Jacobins.

LOYAU DE LACY. — Histoire d'une cervelle conduite à Charenton par la lecture du *Siècle*.

E. HELLO. — Saint Antoine le Grand.

F. NETTEMENT. — Histoire populaire de Louis XVII. — Histoires et Légendes irlandaises. — Le Cheval blanc (légende irlandaise).

B. BOUNIOL. — La Caverne de Vaugirard.

Mᵐᵉ DE BRAY. — Mémoires d'un bébé.

CLAIRE DE CHANDENEUX. — La tache originelle.

A. LABUTTE. — La première tache de sang.

L. BAILLEUL. — Laure Aubry.

CH. DE BOISHAMON. — Chroniques bretonnes.

RAVAILHE (l'abbé). — Don Juan.

J. BOUSQUET. — Blanda.

ETIENNE MARCEL. — Le Nid d'hirondelles. — L'Héritière. — Petite Sœur. — Chemin du Bonheur.

DE CADOUDAL. — Les Serviteurs des Hommes.

H. Violeau. — Histoires de chez nous. — Loisirs poétiques.

Mme de Stolz. — L'Académie chez bonne maman. — La Mare aux Chasseurs.

Comtesse Drohojowska. — Chrétiennes de la cour.

De la Rallaye. — Le Rhône et la Méditerrannée.

Léontine Rousseau. — Le Pirate de la Baltique, ou Lars Vonved.

Capitaine Grant. — A travers l'Afrique. — Traduction de Mme Rousseau.

A. des Essarts. — La Champ des Roses, récits de village. — Les Deux Veuves. — La Force des faibles.

Alfred de Thémar. — Claire de Fouronne, récit bourguignon.

Garriel d'Ethampes. — La Roue qui tourne. — La Robe de la Vierge.

*Soirées amusantes*. — Bons mots, calembourgs, 11e édit.

Félix de Servan. — Le Sire de Coucy. — L'Epée de Charles-Quint.

L'abbé Postel. — Après-midi du Bois-Thibault.

Jean de Septchènes. — Légendes des sociétés secrètes, ou Jacquemin le Franc-Maçon.

A. Marc. — Lucien de Seillan.

Dorothée de Boden. — Les Scènes de la vie sociale. — Le Filet et l'hameçon.

Ysabeau. — La Ferme et le Presbytère, 2e édit.

Mlle Ulliac Trémadeure. — 6 beaux volumes. — La Pierre de touche, 2e édit. — Secrets du foyer domestique, 6e édit. — Contes de ma mère l'Oie, 2e édit. — Scènes du monde réel, 2e édit. — Souvenirs d'une vieille femme. 2 vol. : Les Couronnes, 2e édit. — La Terre Natale, 2e édit.

Edouard Grimblot. — La comtesse de Semainville.

J. Loyseau. — Chant du Cygne gallican. — Lettres sur la vie d'un nommé Jésus, 14e édit. — Le Bâton perdu. — Les Lys et les Roses. — Flora.

Michel Auvray. — La Promesse de Marcelle. — Marthe et Marie.

Ph. Duchesneau. — Rome, Naples et Florence, souvenirs de voyage.

Mathieu Witche. — Mlle Trente. — Mlle de Petit-Vallon.

---

Beaugency. Imp. J. Laffray.

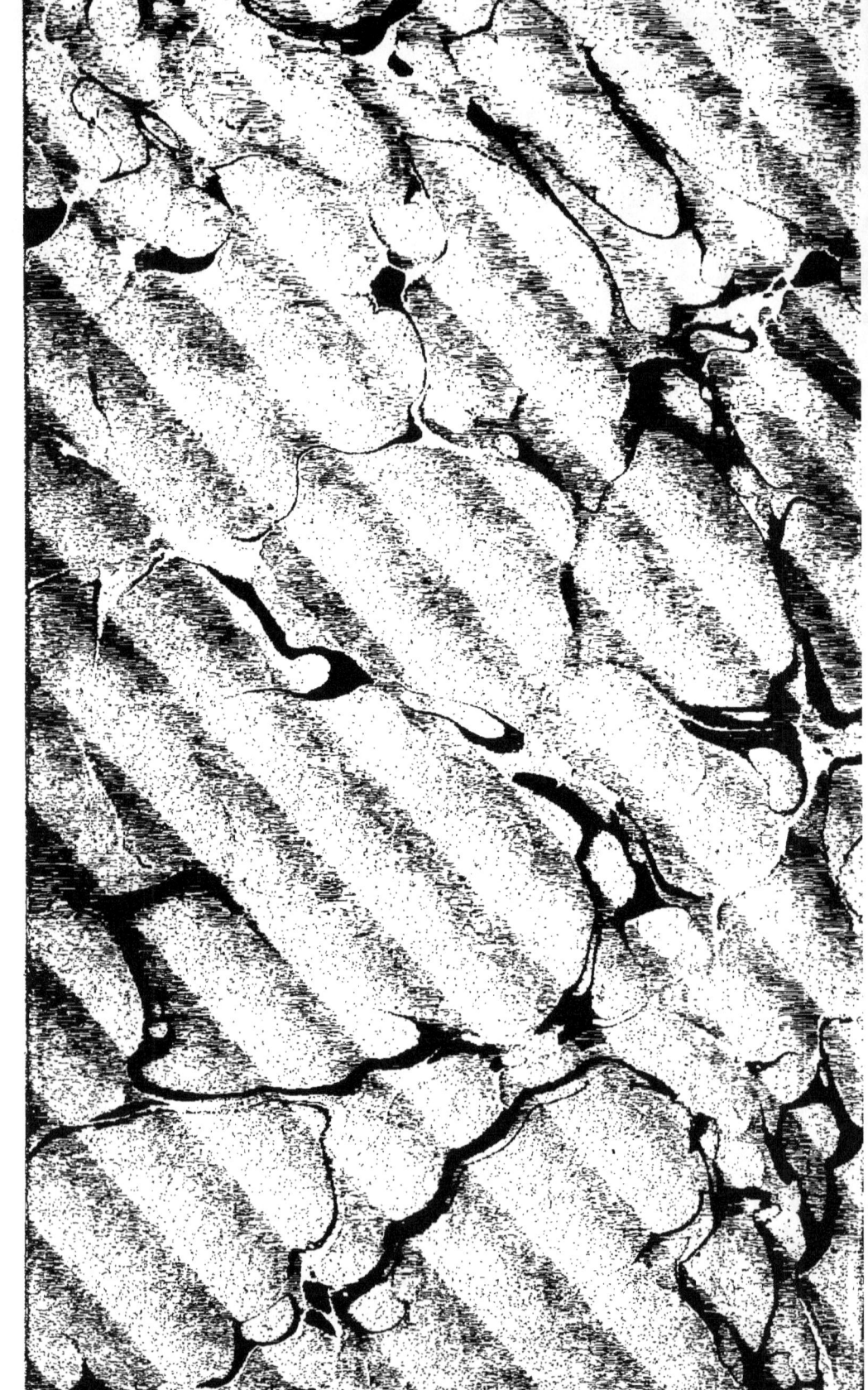

www.ingramcontent.com/pod-product-compliance
Lightning Source LLC
Chambersburg PA
CBHW070739170426
**43200CB00007B/585**